学习贯彻习近平新时代中国特色社会主义经济思想
做好“十四五”规划编制和发展改革工作
| 系列丛书 |

深入实施
创新驱动发展战略

丛书编写组　编著

中国计划出版社　中国市场出版社
China Market Press

·北京·

图书在版编目（CIP）数据

深入实施创新驱动发展战略 / 学习贯彻习近平新时代中国特色社会主义经济思想 做好“十四五”规划编制和发展改革工作系列丛书编写组编著. -- 北京 : 中国计划出版社 : 中国市场出版社有限公司，2020.8 (2022.8 重印)
（学习贯彻习近平新时代中国特色社会主义经济思想 做好“十四五”规划编制和发展改革工作系列丛书）
ISBN 978-7-5182-1220-0

Ⅰ. ①深… Ⅱ. ①学… Ⅲ. ①习近平新时代中国特色社会主义思想－学习参考资料②中国经济－经济发展战略－学习参考资料 Ⅳ. ①D610②F120.4

中国版本图书馆CIP数据核字(2020)第160089号

深入实施创新驱动发展战略

SHENRU SHISHI CHUANGXIN QUDONG FAZHAN ZHANLÜE

编　　著：丛书编写组
责任编辑：秦　洁　朱　冰
装帧设计：蒋宏工作室

出版发行：中国计划出版社　中国市场出版社
社　　址：北京市西城区木樨地北里甲11号国宏大厦C座3层（100038）
电　　话：（010）63906433（发行部）
网　　址：www. jhpress. com

印　　刷：北京汇瑞嘉合文化发展有限公司
规　　格：170mm × 240mm　1/16开本
印　　张：21.75　字　　数：227千字
版　　次：2020年8月第1版　印　　次：2022年8月第4次印刷
书　　号：ISBN 978-7-5182-1220-0
定　　价：50.00元

前 言

当前，世界正经历百年未有之大变局，创新发展的机遇与挑战并存。新一轮科技革命蓄势待发，一些重大颠覆性技术创新正在创造新产业新业态，科技创新链条更加灵巧，技术更新和成果转化更加快捷，产业更新换代不断加快，社会生产和消费从工业化向自动化、智能化转变，呈现社会生产力再次大提高、劳动生产率再次大飞跃的趋势。

面对新特征新挑战，党的十八大以来，习近平总书记创造性地提出了创新发展理念，并深刻指出，创新是引领发展的第一动力，是建设现代化经济体系的战略支撑。习近平总书记关于创新发展的重要论述，高屋建瓴，立意高远，思想深刻，内涵丰富，对于加快建设创新型国家、增强经济创新力和竞争力、推动经济高质量发展，实现“两个一百年”奋斗目标，实现中华民族伟大复兴中国梦，具有极其重要的指导意义。

为深入学习领会习近平总书记关于创新发展的重要论述，准确把握其丰富内涵和实践要求，不断提高运用创新理论指导实践的能力，按照国家发展改革委党组统一部署，创新和高技术发展司会同创新驱动发展中心，组织编写了《深入实施创新驱动发展战略》。本书阐述习近平总书记关于创新发展重要论述的重大意义及学习认识体会，总结实施创新驱动发展战略的重大成就，分析创新发展面临的新形势，提出指导推进创新和高技术发展工作、编制相关规划的思路。

“十四五”时期，做好创新发展工作任务艰巨、意义重大。我们要坚持以习近平新时代中国特色社会主义思想为指导，不断增强“四个意识”、坚定“四个自信”、做到“两个维护”，深入学习贯彻习近平总书记关于创新发展的重要论述精神，坚定不移深入实施创新驱动发展战略，立足当前，着眼长远，积极应对各种风险挑战和瓶颈制约，持续深化改革，全面扩大开放，加快新旧动能转换，为保持我国经济社会持续健康发展，建设社会主义现代化强国，实现中华民族伟大复兴而努力奋斗。

本书编写组

2020 年 8 月

目　录

第三章
党的十八大以来创新型国家建设取得丰硕成果

第四章
当前创新发展站在新的历史起点上

第五章
加快实施创新驱动发展战略　推动创新和高技术发展工作迈上新台阶

学习贯彻习近平新时代中国特色社会主义经济思想
做好“十四五”规划编制和发展改革工作
系列丛书

第一章

深刻领会习近平总书记关于创新发展重要论述的重大意义

党的十八大以来，习近平总书记把创新摆在国家发展全局的核心位置，提出了一系列新思想、新论断、新要求。准确研判我国经济发展的阶段特征，提出要牢固树立创新发展理念，着力解决经济高质量发展的动力问题，为加快推进社会主义现代化建设提供了科学理论指导。牢牢把握新一轮科技革命和产业变革大势，提出创新是引领发展的第一动力的重大论断，对发展马克思主义生产力学说作出重要贡献。着眼中华民族伟大复兴的历史征程，吹响建设世界科技强国的号角，为科技创新指明了发展方向。深刻剖析创新驱动发展的历史经验和现实需求，坚定不移走中国特色自主创新道路，开创了创新驱动发展的新局面。

第一节

树立创新发展理念 为加快推进社会主义现代化建设提供了科学指导

习近平总书记指出，坚持创新发展，是我们分析近代以来世界发展历程特别是总结改革开放成功实践得出的重大结论，是我们应对发展环境变化、增强发展动力、把握发展主动权，更好引领新常态的根本之策。[1] 习近平总书记的重要论述，深刻地阐明了树立创新发展理念的重要性、必要性、紧迫性，为我们理解和践行创新发展理念提供了根本遵循。

---

[1]《习近平在省部级主要领导干部学习贯彻十八届五中全会精神专题研讨班开班式上发表重要讲话强调 聚焦发力贯彻五中全会精神 确保如期全面建成小康社会》，《人民日报》2016 年 1 月 19 日。

一、树立创新发展理念是对国家现代化建设规律认识的升华

习近平总书记指出，发展是第一要务、人才是第一资源、创新是第一动力。我们深刻认识到，发展是强国要务，创新是强国动力，人才是强国之基，树立创新发展理念是我国全面建设社会主义现代化强国的必然选择。

（一）深刻总结世界现代化历史规律得出的重大成果

习近平总书记指出，16 世纪以来，人类社会进入前所未有的创新活跃期，第一次科学革命标志着人类知识增长的重大转折；几百年里，人类在科学技术方面取得的创新成果超过过去几千年的总和；回顾近代以来世界发展历程，可以清楚看到，一个国家和民族的创新能力，从根本上影响甚至决定国家和民族前途命运；中国要强盛、要复兴，就一定要大力发展科学技术，努力成为世界主要科学中心和创新高地。[1]

回顾历史，1662 年英国成立皇家学会，1687 年牛顿的著作《自然哲学的数学原理》首次出版，被誉为第一次科学革命的两个

[1]《习近平在省部级主要领导干部学习贯彻十八届五中全会精神专题研讨班开班式上发表重要讲话强调 聚焦发力贯彻五中全会精神 确保如期全面建成小康社会》，《人民日报》2016 年 1 月 19 日。

标志性事件。这次科学革命推动力学、热力学、光学、天文学、化学、数学迅猛发展，英国逐步形成了近代自然科学体系，为后来的蒸汽机、纺纱机等新技术发明和产业革命奠定了科学和人才基础。1733年凯伊发明“飞梭”，大大提高了织布速度。1765年，哈格里夫斯发明“珍妮纺纱机”，揭开了第一次工业革命的序幕。1785年，瓦特制成改良蒸汽机，为纺织、采矿、冶金等工业提供了便利的动力，人类进入蒸汽时代，开启了人类社会现代化历程。英国抓住第一次科学革命和工业革命机遇，发展壮大采矿、冶金、纺织、机械制造、交通运输等产业，大机器生产取代了传统手工生产，迅速崛起为世界头号强国，奠定了“日不落帝国”的世界地位。据统计，1850年英国金属制品、棉纺织品、钢铁、煤炭等工业品产量超过了全球一半，造船、铁路修筑里程位居世界首位，对外贸易占全球的40%左右。

19世纪，科学技术突飞猛进，法拉第和麦克斯韦发现电磁可以相互转化，并将电、磁、光统一起来，推动了电磁学革命，被认为是19世纪物理学最光辉的科学成果。电磁学革命带来了一系列改变世界的伟大发明，西门子制成工业用发电机，贝尔发明电话，爱迪生发明有实用价值的电灯并在纽约建设发电厂，马可尼发明电报等，催生了第二次工业革命，人类进入电气时代。同时，卡尔·本茨等人实现了内燃机创新和应用，成功地制造出由内燃机驱动的汽车、远洋轮船、飞机等交通工具，带动了石油和化学产业迅猛发展。德国、法国、美国等国家抓住这次工业革命机遇，一跃成为世界强国。据统计，1913年德国电气产品占全球的34%，居各国之首，涌现出西门子、奔驰为代表的一大批创新型企业。同时，德国还抓住化学工业兴起机遇，发展出拜耳、巴斯夫等全球领先企业，法兰克福、勒沃库森等成为世界著名的化学和制药工业城市。

爱因斯坦1905年提出狭义相对论、1916年提出广义相对论，20世纪30年代科学界建立完整的量子力学理论，被誉为第二次科学革命的标志性事件。量子论、相对论的诞生引发化学、生物学、天文学、地学等学科实现革命性突破，原子能、无线电、半导体、航天、生物工程等新技术纷纷涌现并被广泛应用，深刻地改变了人类社会的生产生活方式。1958年发明第一个集成电路，1971年发明第一个微处理器，1974年发明第一台个人电脑，1985年发明Windows操作系统，1991年第一个网站上线，让人类进入信息时代。美国抓住信息技术革命机遇，成长出美国电话电报公司（AT&T）、德州仪器、仙童半导体公司、IBM、惠普、苹果、微软等引领世界创新潮流的跨国企业，孕育出半导体、计算机、软件、互联网等新兴产业和支柱产业，长期占据世界头号强国位置。美国对创新在国家发展历程中的重要作用有深刻认识，2009年美国白宫在《美国国家创新战略》开篇写道：美国之所以领导20世纪全球经济，是因为美国领导了全球创新。

回顾世界强国崛起的道路，可以得出这样的结论：科学革命是技术革命和产业革命的先导和源泉，每一次科学革命都会引发众多颠覆性技术创新，产生一大批彪炳史册的重大科技成果，孕育出颠覆产业结构的新兴产业，深刻改变世界发展面貌和格局；抓住科技革命历史机遇的国家，经济社会发展就驶入了快车道，经济实力、科技实力迅速增强，甚至一跃成为世界强国。

当前，新一轮科技革命和产业变革正处于实现重大突破的历史关口，新技术、新产业、新业态、新模式层出不穷，将会带来社会生产力的又一次重大飞跃，甚至深刻改变世界经济、科技、政治格局。以习近平同志为核心的党中央提出树立创新发展理念，是对国家富强历史规律的科学把握，是对中华民族伟大复兴历史机遇的敏锐洞察，是对中国当今所处发展阶段的准确判断。

（二）深刻总结五千年中华文明史得出的重大成果

习近平总书记指出，在绵延五千多年的文明发展进程中，中华民族创造了闻名于世的科技成果；近代以来，我国逐渐由领先变为落后，一个重要原因就是我们错失了多次科技和产业革命带来的巨大发展机遇。[1]

中华民族是勇于创新、善于创新的民族。我国古代在天文历法、数学、农学、医学、地理学等众多科技领域取得举世瞩目的成就，改变了中国也改变了世界的面貌。16 世纪以前世界上最重要

[1]《全国科技创新大会两院院士大会中国科协第九次全国代表大会在京召开》，《人民日报》2016 年 5 月 31 日。

的300项发明和发现中，我国占173项，远远超过同时代的欧洲。英国著名科技史学家李约瑟认为，中国在3世纪到13世纪之间保持一个西方所望尘莫及的科技水平，现代西方世界所应用的许多发明都来自中国，中国是一个发明的国度。英国哲学家培根这样讲道：印刷术、火药、指南针，这3种发明曾改变了整个世界事物的面貌和状态，以致没有一个帝国、教派和人物能比这3种发明在人类事业中产生更大的力量和影响。

» 专栏 1-1

马克思评价中国古代发明

火药、指南针、印刷术——这是预告资产阶级社会到来的三大发明；火药把骑士阶级炸得粉碎，指南针打开了世界市场并建立了殖民地，而印刷术则变成了新教的工具，总的来说变成了科学复兴的手段，变成对精神发展创造必要前提的最强大的杠杆。

——《机械、自然力和科学的运用》

我国历史上的发展和辉煌，同当时我国科技发明和创新密切相关。中国古代科技水平长期居于世界领先位置，带来了经济繁荣，社会昌盛。英国著名经济学家安格斯·麦迪森所著《世界经济千年史》统计数据表明，古代中国长期牢牢占据世界经济文化中心位置，直到1820年，中国国内生产总值（GDP）占世界经济总量的比例仍然高达32.9%，当时西欧国家经济总和只占全球的23.6%，美国和日本分别占1.8%和3%。汉代时，我国人口就超过6 000万人，垦地超过8亿亩。唐代长安城面积超过80平方公里，人口超过100万人，宫殿金碧辉煌，佛寺宝塔高耸，东西两市十分繁荣。诗人岑参就有“长安城中百万家”的诗句。北宋时，国家税收峰值达到1.6亿贯，是当时世界上最富裕的国家。那个时候，伦敦、巴黎、威尼斯、佛罗伦萨的人口都不足10万人，而我国拥有10万人口以上的城市近50座。

明代之后，由于封建统治者闭关锁国、夜郎自大，中国同世界科技发展潮流渐行渐远，屡次错失富民强国的历史机遇。15世纪，在手工业生产和技术方面，中国与西欧国家还可以平分秋色、各有千秋，但科学、技术落后于西方的迹象已经显现。明朝后期，中国仍然通过传教士“西学东渐”，学习西方数学、哲学、天文、物理、化学、医学、生物学等知识，对中国的学术、思想、政治和社会都产生了一些影响。16世纪中叶到17世纪末，以牛顿等为代表的科学家，在天文学、物理学等领域带来了第一次科学革命，把中国科技远远甩在了后面。1724年，在第一次工业革命前夕，清朝政府彻底切断与西欧的科学交往，中国错过了科技革命、工业革命的历史机遇。16世纪到17世纪初，中国在世界重大科技成果中，一直占 54% 以上，到 19 世纪骤降到 0.4%。1840 年鸦片战争爆发，西方国家用坚船利炮轰开中国大门，中国因科技和工业落后，在长达百年时间里积贫积弱、受人欺凌，一次次被经济总量、人口规模、领土幅员远远不如自己的国家打败。历史告诉我们一个真理：一个国家是否强大不能单就经济总量大小而定，一个民族是否强盛也不能单凭人口规模、领土幅员多寡而定。

以习近平同志为核心的党中央提出树立创新发展理念，是对我国古代科技、经济发展历史的科学总结，是对近代中国科技、经济落后造成国家民族屈辱原因的深刻反思。

（三）深刻总结新中国发展历史得出的重大成果

中国共产党历来高度重视科技，从诞生起就大力倡导传播科学知识、弘扬科学精神。早在延安时期，就建立了第一批科研机构和科学团体。新中国成立前夕，我国科技人员不超过 5 万人，专职研发人员只有 500 人，工业技术整体水平很低，现代科研几乎一片空白。在这样困难的情况下，1949 年 9 月，中国共产党就把“努力发展自然科学，以服务于工业农业和国防的建设”写入了《中国人民政治协商会议共同纲领》，将在政务院之下设科学院写入了《中华人民共和国中央人民政府组织法》，将发展科技与国家命运、民族命运紧紧地联系在一起。1949 年 11 月 1 日，党中央成立了中国科学院，以集中力量加快发展新中国科技事业。

1956 年 1 月，毛泽东同志等党和国家领导人以及 1 300 多名领导干部，在中南海怀仁堂听取中国科学院 4 位学部主任关于国内外科技发展的报告，向全党全国发出“向科学进军”的号召，要求“全党努力学习科学知识，同党外知识分子团结一致，为迅速赶上世界科学先进水平而奋斗”。这一年，成立国家科学规划委员会，组织全国 600 多位科学家和技术专家，制定出“十二年科技规划”，拟定 57 项重大任务。其后 10 余年，在各方共同努力下，我国建立了学科齐全的科学研究体系、工业技术体系、国防科技体系、地方科技体系，取得了以“两弹一星”为标志的一批重大科技成果，为原子能、电子学、半导体、自动化、计算技术、航空和火箭等发展奠定了坚实的基础，促进一系列新兴工业部门的诞生和发展。

1978 年 3 月，中共中央召开全国科学大会，5 586 名科学工作者汇聚北京。邓小平同志在大会上作出“四个现代化关键是科学技术的现代化”“知识分子是工人阶级的一部分”的重要论断，重申了“科学技术是生产力”这一马克思主义的基本观点，极大地鼓舞了科技工作者，我国迎来“科学的春天”。[1] 这次会议是向科学技术现代化进军的总动员令，确立了正确的科学技术工作指导思想，对我国社会主义现代化建设起到了极大的推动作用。随后，邓小平同志又作出了“科学技术是第一生产力”的重要论断。

[1]《邓小平在全国科学大会开幕式上的讲话》，《人民日报》1978 年 3 月 22 日。

1995年5月，党中央、国务院召开全国科学技术大会，江泽民同志发表重要讲话，明确提出实施科教兴国战略，指出实现中华民族在21世纪伟大复兴必须依靠科学技术进步和提高全民族科学文化素养。[1] 2006年1月，党中央、国务院再次召开全国科学技术大会，胡锦涛同志发表重要讲话，部署实施《国家中长期科学和技术发展规划纲要（2006—2020年）》，动员全党全社会为建设创新型国家而努力奋斗。

2016年5月，习近平总书记出席全国科技创新大会、两院院士大会、中国科协第九次全国代表大会并发表重要讲话，强调在我国发展新的历史起点上，要把科技创新摆在更加重要位置。这次会议吹响了建设世界科技强国的号角，动员全社会坚持走中国特色自主创新道路，面向世界科技前沿、面向经济主战场、面向国家重大需求，加快各领域科技创新，掌握全球科技竞争先机。2017年10月，习近平总书记在党的十九大报告中指出，要瞄准世界科技前沿，强化基础研究，实现前瞻性基础研究、引领性原创成果重大突破。加强应用基础研究，拓展实施国家重大科技项目，突出关键共性技术、前沿引领技术、现代工程技术、颠覆性技术创新，为建设科技强国、质量强国、航天强国、网络强国、交通强国、数字中国、智慧社会提供有力支撑。

党的十八大以来，在以习近平同志为核心的党中央坚强领导

[1]《江泽民同志在全国科学技术大会上的讲话》，《人民日报》1995年6月5日。

下，我国科技事业密集发力、加速跨越，实现了历史性、整体性、格局性重大变化，重大创新成果竞相涌现，一些前沿方向开始进入并行、领跑阶段，科技实力正处于从量的积累向质的飞跃、点的突破向系统能力提升的重要时期，我国如期进入创新型国家行列，并朝着“2030年跻身创新型国家前列”目标大步前进。

新中国科技发展走过的不平凡道路，反复印证了科技兴则民族兴、科技强则国家强这一真理。中国要强盛、要复兴，就一定要大力发展科学技术，就一定要牢固树立创新发展理念。

二、树立创新发展理念是立足全局、面向未来作出的战略选择

习近平总书记指出，突破自身发展瓶颈、解决深层次矛盾和问题，根本出路就在于创新；[1] 要推广发展理念、体制机制、商业模式等全方位、多层次、宽领域的大创新，在推动发展的内生动力和活力上来一个根本性转变。[2] 树立创新发展理念，充分体现了以习近平同志为核心的党中央开拓发展新境界的坚定决心与历史担当，

[1]《习近平在参加上海代表团的审议时强调 坚定不移深化改革开放 加大创新驱动发展力度》，《人民日报》2013年3月6日。

[2]《习近平出席2016年二十国集团工商峰会开幕式并发表主旨演讲 中国站在新的历史起点 二十国集团要推动建设创新、开放、联动、包容的世界经济》，《人民日报》2016年9月4日。

契合我国发展的历史逻辑和现实逻辑。

（一）遵循经济发展阶段规律作出的重大选择

按照经济学的观点，一个国家经济发展具有阶段性，一般会经历要素驱动、投资驱动、创新驱动、财富驱动等阶段。从产业发展阶段看，一个国家的主导产业普遍会经历劳动密集型、资本密集型和技术密集型等阶段。当一个国家经济处于创新驱动阶段时，其主导产业一般进入到技术密集型阶段，经济发展不再主要依赖自然资源、劳动力和资本投入，经济发展的速度、质量和效益取决于国家创新能力以及知识（包括技术）、人才两个关键要素。

改革开放 40 多年来，我国创造了第二次世界大战后一个国家经济高速增长持续时间最长的纪录，目前已经处于从要素驱动、投资驱动向创新驱动的转型期。我国经济总量在世界上的排名，改革开放之初是第十一；2005 年超过法国，居第五；2006 年超过英国，居第四；2007 年超过德国，居第三；2009 年超过日本，居第二。2010 年我国制造业超过美国，居世界第一。1995—2019 年，我国研发投入经费从 348.7 亿元增至 21 737 亿元，于 2016 年超过日本，成为全球研发投入总量第二大国。我们用几十年的时间走完了发达国家几百年走过的发展历程。随着经济总量不断扩大，我们在发展中遇到了一系列新情况新问题，经济发展面临速度换挡节点、结构调整节点、动力转换节点。

当前，我国经济的主要特点是：增长速度从高速转向中高速，发展方式从规模速度型转向质量效益型，经济结构调整从增量扩能为主转向调整存量、做优增量并举，发展动力要从主要依靠资源和低成本劳动力等要素投入转向创新驱动。

以习近平同志为核心的党中央提出树立创新发展理念，就是要引导全社会更加自觉地以提高经济发展质量和效益为中心，推进经济发展方式从要素驱动、投资驱动转向创新驱动，全面推进科技、管理、市场、商业模式创新，走出一条质量更高、效益更好、结构更优、优势充分发挥的高质量发展新路。

（二）顺应人民群众对美好生活向往作出的重大选择

习近平总书记指出，发展为了人民、发展依靠人民、发展成果由人民共享，人民对美好生活的向往，就是我们的奋斗目标。[1] 创新发展也是发展，也必须始终把人民群众对美好生活的向往放在最高位置，通过创新改善人民生活、增进人民福祉。

经过改革开放 40 多年的发展，我国科技进步和创新有力地发展了社会生产力，为人民生活显著改善作出了重要贡献。我国科技进步贡献率从 2005 年的 43.2% 提高到 2019 年的 59.5%，推动经济持续发展。我国已从低收入国家进入中等收入国家行列，正在向高收入国家迈进。人民生活水平和医疗卫生条件大幅度改善，人均预

[1]《中共十八届五中全会在京举行 中央政治局主持会议 中央委员会总书记习近平作重要讲话》，《人民日报》2015 年 10 月 30 日。

期寿命由 1980 年的 67.9 岁提高到 2019 年的 77.3 岁。

随着经济社会发展，我国 14 亿人民过上美好生活的新期待日益上升，提高社会发展水平、改善人民生活、增强人民健康素质对科技创新提出了更高要求，人民期盼有更好的教育、更稳定的工作、更满意的收入、更可靠的社会保障、更高水平的医疗卫生服务、更舒适的居住条件、更优美的环境、更丰富的精神文化生活。

新冠肺炎疫情暴发以来，习近平总书记多次对疫情科研攻关作出重要指示批示，强调战胜疫病离不开科技支撑，要综合多学科力量加快科研攻关，力争早日取得突破，尽快拿出切实管用的研究成果。[1] 创新为民，就是要聚焦重大疾病防控、食品药品安全、人口老龄化等重大民生问题，大幅增加公共科技供给，让人民享有更宜居的生活环境、更好的医疗卫生服务、更放心的食品药品。要依靠科技创新建设低成本、广覆盖、高质量的公共服务体系。要加强普惠和公共科技供给，发展低成本疾病防控和远程医疗技术，实现优质医疗卫生资源普惠共享。要发展信息网络技术，消除不同收入人群、不同地区间的数字鸿沟，努力实现优质文化教育资源均等化。

创新要想人民之所想、急人民之所急。树立创新发展理念，就是把人民的需要和呼唤作为科技进步和创新的时代声音，引导广大创新者坚持把论文写在祖国大地上，为我国人民过上美好生活提供

[1]《习近平在北京考察新冠肺炎防控科研攻关工作时强调 协同推进新冠肺炎防控科研攻关 为打赢疫情防控阻击战提供科技支撑》，《人民日报》2020 年 3 月 3 日。

强大支撑。

（三）推动世界经济繁荣稳定作出的重大选择

习近平总书记指出，中国的发展离不开世界，世界的繁荣也需要中国；[1] 创新是从根本上打开增长之锁的钥匙；世界经济复苏缓慢，目前正处于新旧增长动能转换的关键时期，上一轮产业革命的动能逐渐消退，新的增长动能正在孕育；只有建设创新型世界经济，才能让世界经济重获强劲增长动能。[2]

2008 年国际金融危机爆发以来，深层次影响持续显现，世界经济复苏艰难曲折，全球贸易增速连续多年低于世界经济增速，跨国投资尚未恢复到危机前水平，新的增长动力尚未形成，潜在增长率不升反降，不确定因素较多。在此期间，我国经济仍然保持高速或中高速增长，对世界经济增长的贡献率保持在 30% 以上，为稳定世界经济作出了重大贡献，成为带动全球经济复苏和向好发展的关键力量。随着经济实力、科技实力和综合国力不断增强，我国日益走近世界舞台中央，国际社会希望我国在引领带动全球经济增长、保持世界长期繁荣中扮演更加重要的角色。

---

[1]《庆祝改革开放 40 周年大会在京隆重举行 习近平发表重要讲话》，《人民日报》2018 年 12 月 19 日。

[2]《习近平出席 2016 年二十国集团工商峰会开幕式并发表主旨演讲 中国站在新的历史起点 二十国集团要推动建设创新、开放、联动、包容的世界经济》，《人民日报》2016 年 9 月 4 日。

我国积极参与应对全球气候变化共同行动，大力发展新能源，水电、风电、光伏发电装机容量迅速跃居世界首位，为全球节能减排和可持续发展作出了重大贡献，成为全球生态文明建设的重要参与者、贡献者、引领者，形成了世界环境保护和可持续发展的解决方案。

我国走创新驱动发展道路，推动新旧动能接续转换，有利于探索形成新的增长动力，为世界经济复苏和长期繁荣提供“中国方案”，作出更多“中国贡献”，让全球分享中国高质量发展的红利。

三、树立创新发展理念是建设社会主义现代化强国的应有之义

习近平总书记指出，中国实现现代化，是人类历史上前所未有的大变革；中国实现了现代化，意味着比现在所有发达国家人口总和还要多的中国人民进入现代化行列。[1] 中国现代化决不以牺牲别国利益为代价，决不以牺牲资源环境为代价，只能够向创新要资源、向创新要动力、向创新要空间、向创新要效益。

[1]《全国科技创新大会两院院士大会中国科协第九次全国代表大会在京召开》，《人民日报》2016 年 5 月 31 日。

（一）走中国特色社会主义现代化道路的必然要求

新中国成立后，中国共产党在推进国家现代化历程中，根据世情、国情和科学技术发展变化，因时而异地制定科技工作指导方针，强化科技创新对国家现代化建设的支撑。1956 年，确立“重点发展、迎头赶上”的指导方针，创造了“两弹一星”为标志的一批重大成果。1963 年，在当时的国际环境下，迅速将指导方针调整为“自力更生、迎头赶上”。1982 年，为将科技发展融入改革开放的历史大潮中，又将指导方针调整为“科学技术工作必须面向经济建设、经济建设必须依靠科学技术”。1995 年，确立科教兴国战略，2006 年将科技工作指导方针调整为“自主创新、重点跨越、支撑发展、引领未来”。

特别是党的十八大以来，习近平总书记以宏大视野谋划和推动创新，坚定推动创新驱动发展战略实施，强调创新是中华民族最深沉的民族禀赋；在激烈的国际竞争中，惟创新者进，惟创新者强，惟创新者胜；必须把发展基点放在创新上，通过创新培育发展新动力、塑造更多发挥先发优势的引领型发展，做到人有我有、人有我强、人强我优。习近平总书记在党的十九大报告中进一步强调指出，创新是引领发展的第一动力，是建设现代化经济体系的战略支撑，并对推进创新驱动发展战略实施进行了系统部署。

我国现代化建设始于创新，发展于创新，强盛于创新。树立创新发展理念，是我们推动中国特色社会主义现代化强国建设道路上一以贯之、与时俱进的重大战略抉择。

（二）建设社会主义现代化强国的必由之路

习近平总书记指出，中国人民的成功实践昭示世人，通向现代化的道路不止一条，只要找准正确方向、驰而不息，条条道路通罗马；[1] 实现建成社会主义现代化强国的伟大目标，实现中华民族伟大复兴的中国梦，我们必须具有强大的科技实力和创新能力。[2] 习近平总书记的重要论述，向世界表明中国要依靠创新实现现代化，走一条不一样的现代化之路。

传统工业化道路对能源资源等自然要素高度依赖。18 世纪下半叶至 19 世纪中叶，以英国为代表的国家率先实现工业化，带来了对殖民地国家资源和市场的掠夺，大量能源资源消耗和环境污染。20 世纪以来，美国、日本等国家实现现代化，也都没有摆脱对能源资源的高度依赖。目前，全球现代化人口约 13 亿人，消耗了全球 51.5% 的石油、47.7% 的天然气、29.5% 的煤炭。

我国人口多、资源少，资源环境承载能力弱，只能依靠创新走集约化、内涵式发展道路。我国人均耕地仅为世界平均水平的

---

[1]《习近平出席博鳌亚洲论坛 2018 年年会开幕式并发表主旨演讲 强调顺应时代潮流 坚持开放共赢 宣布中国扩大开放新的重大举措》，《人民日报》2018 年 4 月 11 日。
[2]《习近平在中国科学院第十九次院士大会、中国工程院第十四次院士大会开幕会上发表重要讲话强调 瞄准世界科技前沿引领科技发展方向 抢占先机迎难而上建设世界科技强国》，《人民日报》2018 年 5 月 29 日。

40%，石油、天然气、铁矿石、铜和铝土矿等重要矿产资源人均储量分别约为世界平均水平的 11%、4.5%、42%、18% 和 7.3%。我国森林覆盖率不到世界平均水平的 2/3，人均森林面积不到世界平均水平的 1/4，沙化土地面积占国土面积的近 1/5，水土流失面积占国土面积的 1/3 以上。近年来，水污染事件频发、雾霾天气增多，不少地区的环境容量已经逼近临界点。土地、资源和环境问题越来越成为我国经济发展的硬约束，必须依靠创新实现可持续发展，走出一条减少对自然资源严重依赖、人与自然和谐共生的现代化道路。

第二节

提出创新是引领发展的第一动力的重大论断对发展马克思主义生产力学说作出了重要贡献

党的十八大以来，以习近平同志为核心的党中央对创新在国家经济社会发展中的重要地位和作用作了崭新概括，创造性地提出了“创新是引领发展的第一动力”。这一重大论断，是在中国特色社会主义进入新时代、人类社会进入新一轮科技革命和产业变革的时代背景下，把马克思主义基本原理同我国实践相结合，对马克思主义生产力学说的传承和创新发展。

一、丰富和发展了马克思主义的扩大再生产理论

马克思主义的扩大再生产理论认为，扩大再生产分为外延式扩大再生产和内涵式扩大再生产两种类型。外延式扩大再生产是指通过增加生产要素的投入数量，即增加资本、劳动量、生产资料投入来扩大生产规模。内涵式扩大再生产是指通过提高生产要素的效率，即通过提高资本的使用效率、劳动生产率、生产资料效率来扩大生产规模。习近平总书记将创新作为引领发展的第一动力，强调通过提高生产要素使用效率实现更高质量、更可持续的经济发展，丰富和发展了内涵式扩大再生产的内容。

（一）将发展的基点放在创新上，指明了经济发展走内涵式扩大再生产道路的有效途径

马克思指出，随着大工业的发展，现实财富的创造较少地取决于劳动时间和已消费的劳动量，较多地取决于在劳动时间内所适用的动因的力量，而这种动因自身，取决于一般的科学水平和技术进步，或者说取决于科学在生产上的应用。[1] 这就告诉我们，科学技术及其装备在生产中使用越多，或者说生产中创造并使用的科学技术知识越多，生产效率和财富创造效率也就越高。

[1] 卡尔．马克思．资本论 [M]. 郭大力，王亚男，译．上海：上海三联书店，2009.

内涵式扩大再生产本质上强调以创新为动力，以资源集约和节约为前提，以提升产出质量、效率和效益为目标。但过去我国经济的快速增长更多地走了一条依靠增加要素投入的外延式扩大再生产的路子，随着资源、能源、环境、土地等生产要素供给约束加剧，这种粗放式的发展方式已经变得越来越不可持续了。

创新走的是前人没有走过的路，做的是前人没有做过的事，难免荆棘丛生、困难重重。有观点认为，科技创新对经济社会发展是远水解不了近渴，这种想法和做法必须纠正；很多科研也许是明天的工作，但今天不开始干，需要时就真的成“远水”了。这就是说，创新是破解制约发展“命门”问题的钥匙，创新再困难，也是必须走的路，而且还要提前走。

塑造更多依靠创新驱动、更多发挥先发优势的引领型发展，就是要求通过创新提高资本的使用效率、劳动生产率、生产资料效率，促进资源要素高效流动和资源优化配置，推动产业链再造和价值链提升，实现发展依靠创新、创新驱动发展的良性循环。

把发展基点放在创新上，将创新作为高质量发展的动力源，强化了创新在提高生产要素使用效率方面的重要作用，这是对马克思主义扩大再生产理论的继承和发展。

（二）把创新落实到创造新的增长点上，指明了科学技术提高生产要素使用效率的有效途径

马克思、恩格斯通过对近代工业史的考察，发现科学技术对扩

大再生产有重大贡献，但也发现当科学以一般知识形态存在，尚未并入生产过程时，它就是以知识形态存在的一般社会生产力；而当科学并入生产，即转化为劳动者的劳动技能，物化为具体的劳动工具和劳动对象，通过管理在生产结构中发挥作用时，它就直接进入生产过程，成为社会劳动生产力，即直接生产力。换句话说，科学技术与生产可以结合，也可以不结合；不与生产活动相结合，就是间接生产力，不创造生产效益；与生产活动紧密结合，就是直接生产力，创造生产效益；结合与不结合，关键得看管理，当然也包括制度、政策等。

早在 1708 年，清朝政府组织传教士们绘制中国地图，后用十年时间绘制了科学水平空前的《皇舆全览图》，走在了世界前列。但这样一个重要成果长期被作为密件收藏内府，社会上根本看不见，没有对经济社会发展起到什么作用。反倒是参加测绘的传教士把资料带回整理发表，使西方在相当长一个时期内对我国地理的了解要超过中国人。这说明科学技术必须同社会发展相结合，学得再多，束之高阁，就不可能对现实社会产生作用。

在过去相当长一段时间内，我国研发人员居全球之首，研发经费仅次于美国，国际科技论文、专利申请等指标全球领先，但科技进步贡献率远远低于许多国家。究其原因，主要是部分单位把论文、专利、奖励等“中间品”当成了追求目标，许多成果被“锁在柜子里”“装在抽屉里”，许多成果在社会生产生活中“英雄无用武之地”。这个问题解决不好，科研和经济始终是“两张皮”，科技创新效率就很难有一个大的提高。

创新不是发表论文、申请到专利就大功告成了，创新必须落实到创造新的增长点上，把创新成果变成实实在在的产业活动。创新必须落实到创造新的增长点上，强调了发展是检验创新的标准，这是对马克思主义科技要与生产相结合观点的继承和发展，我们要深入学习贯彻、促进科学技术与劳动者、劳动对象和生产资料结合、物化，推动生产要素高级化，形成新的生产力。

（三）围绕产业链部署创新链、围绕创新链布局产业链，指明了经济、科技深度融合实现内涵式扩大再生产的有效途径

马克思主义认为，社会生产力发展主要取决于三个方面：劳动的社会性质，社会内部分工，智力劳动特别是自然科学发展。[1] 其中，科学技术在生产中运用，可以带来劳动生产率提高和生产成本下降，实现利润率提高、资本积累量增加。围绕产业链部署创新链，就是要用科学技术提高劳动生产率；围绕创新链布局产业链，就是要依靠科学技术创造新的经济增长点。两者相辅相成，可以更加有效地实现内涵式扩大再生产。

围绕产业链部署创新链，提高产业基础能力和产业链现代化水平，是解决我国产业“大而不强”问题的关键。我国是全球唯一拥

[1] 马克思主义基本原理概论编写组 . 马克思主义基本原理概论 [M]. 北京：高等教育出版社，2013.

有全部41个工业大类191个中类525个小类的国家，钢铁、水泥、汽车、计算机、手机、电动汽车等220多种产品产量居世界第一位。但很多产业的创新链条不完整或水平不高，核心部件材料和技术短板突出，底层工业数据和技术工具匮乏，质量标准和检测体系不完善，导致产业价值链迟迟无法迈向中高端。从这个意义来讲，提升我国产业基础能力和产业链现代化水平，必须补齐创新链这一课，发挥创新的革命性作用。

围绕创新链布局产业链，培育壮大新动能、优化生产力布局，是我国经济高质量发展的迫切需要。当前，新一轮科技革命正全方位影响全球产业格局，数字经济、生物技术、人工智能等创新成果层出不穷，催生了大量的新产业新业态新模式。据测算，到2035年，人工智能、物联网将分别为全球经济增长贡献10万亿～15万亿美元，平均每年推动GDP增长约1%。同时，创新成果应用速度不断加快，让产业链“自然生长”已经不适应发展要求，必须强化政策引导、主动作为。比如，2019年我国颁发5G牌照，刚刚打响互联网新业态赛道的发令枪，大视频、云游戏、云电脑、虚拟现实直播、远程驾驶、远程手术等新业态就跃跃欲试，在众多产业展现出变革潜力，创新带来的经济社会影响远远超出了科技本身。因此围绕创新成果应用完善产业链，主动加强重大生产力规划布局，积极引导消费升级，才能适应创新发展的新形势。

围绕产业链部署创新链，围绕创新链布局产业链，本质上都是为了解放和发展社会生产力，是更加有效实现内涵式扩大再生产的重要途径。

二、丰富和发展了马克思主义生产要素内涵

习近平总书记将创新作为引领发展的第一动力，并将技术、数据作为生产要素引入现实经济发展动力系统，这是对马克思主义生产要素理论的深化和发展，为我国推动经济高质量发展提供了理论指导。

（一）将创新排在发展动力的首位，丰富和发展了马克思主义生产力矛盾运行理论

马克思主义认为，对社会发展起推动作用的有多种因素，依照这些因素作用的性质、范围和形式，可以把它们区分为根本动力、主要动力和次要动力等。[1]其中，生产方式矛盾运动是社会发展的根本动力；在生产方式内部矛盾中，生产力决定着生产关系和社会生活的其他方面，它是推动社会发展的最终决定力量。生产力是社会发展的根本动力，有自己的发展动力机制，那就是劳动者与生产工具的矛盾运行。

马克思曾指出，不同历史时期，生产力发展都有其特殊的生长

[1] 马克思主义基本原理概论编写组．马克思主义基本原理概论 [M]. 北京：高等教育出版社，2013.

点和主导因素，在工厂手工业中以劳动力为起点，在大工业中以劳动资料为起点。在创新高度活跃的今天，劳动者与生产工具矛盾运行呈现出重要的时代特征：一是科学技术迅猛发展并在生产中快速应用，使从事简单劳动的体力劳动者日益减少，从事产品开发、发明创造、信息服务、生产管理等复杂劳动的脑力劳动者日渐增多；二是社会生产向柔性生产、个性化定制发展，社会需求多样化、多元化，“生产→技术→科学”和“科学→技术→生产”两种创新模式并存，且交叉融合，劳动者需求在变，生产工具也不断在变；三是劳动者素质越来越高，生产工具技术含量越来越高，劳动者与生产工具矛盾运行复杂多变。在这种情况下，科学、技术、生产工具、劳动者等生产要素组合的可能性增多，产生新组合的速度不断加快，单纯强调某一个、几个生产要素的重要性与时代发展要求不相符。

创新是一种经济活动，本质特征是通过生产要素重新组合创造新产品、新服务、新市场、新模式、新组织等。由于科技是最活跃、最具革命性的生产要素，科技创新就成为了最重要的创新形式。将创新作为引领发展的第一动力，将科技创新作为全面创新的核心，既符合马克思主义生产力矛盾运行原理，又推动“科学技术是第一生产力”理论丰富发展，抓住了主要矛盾和矛盾的主要方面。

（二）将技术和数据作为生产要素，丰富了马克思主义生产要素内涵

马克思、恩格斯将劳动者、劳动对象和劳动资料作为“三大生产要素”。生产要素构成并不是一成不变的，它随着经济、社会发展而不断变化。土地、劳动力是农业时代重要的生产要素，资本是工业时代重要的生产要素，同时还催生出技术、管理等多种类型的生产要素。随着移动互联网、物联网、云计算等新一代信息技术发展与普及应用，知识总量、技术成果爆炸式增长，海量数据资源不断产生，技术、数据与各种传统生产要素在质量上结合、数量上结合、空间上结合、时间上结合，大大提高了劳动生产率，并不断孕育和创造出新的经济增长点。

物质资源必然越用越少，而技术、数据资源却会越用越多。将技术、数据作为重要的生产要素，有利于创造出可持续的增长点。比如，越来越多的个体、设备和传感器通过数字网络连接起来，目前有 3 000 多万联网传感器节点已经分布在交通、汽车、工业、公用事业和零售部门，且数量正以每年 30% 以上的速度增长，产生、传送、分享和访问数据的能力不断提升。种类广泛、数量庞大、产生和更新速度加剧的大数据被形象地称作“新的石油”，蕴含着前所未有的社会价值和商业价值。

同时，将技术、数据作为生产要素，可以突破“发展极限论”等绝对化观点。西方有一种观点认为，因为人类能利用的自然资源

越来越少，所以人类社会发展终将停滞。这种观点虽然促使人类节约资源，但它静止地看待事物，会推导出因为全球资源难以支撑广大发展中国家实现现代化、达到发达国家生活水平，所以发展中国家不要发展了的谬论。事实上，在特定条件下人类可以利用的物质资源是有限的，但技术、数据却会越用越多，可以不断地突破资源限制，以一种不可逆转、不可抗拒的力量推动人类社会向前发展。

党的十九届四中全会作出的《关于坚持和完善中国特色社会主义制度推进国家治理体系和治理能力现代化若干重大问题的决定》，将知识、技术、数据作为生产要素，丰富和发展了马克思生产要素理论。同时，明确要求健全劳动、资本、土地、知识、技术、管理、数据等生产要素由市场评价贡献、按贡献决定报酬的机制，将极大地解放和扩大社会生产力，大大开辟了经济持续增长的新空间。

三、丰富和发展了马克思主义人才观

习近平总书记把马克思主义人才观与创新实践相结合，提出了创新驱动实质上是人才驱动、人才是支撑发展的第一资源等重要论断，强调办好中国的事情，关键在党，关键在人才，要求实行以增加知识价值为导向的分配政策、让经费为人的创造性活动服务、分类推进人才评价机制改革等重大决策，进一步丰富和发展了马克思主义人才观。

（一）坚持马克思主义价值观导向，提出具有强烈的爱国情怀是对我国科技人员第一位的要求

马克思主义认为，价值观作为一种社会意识，对人的行为具有重要的驱动、制约和导向作用。[1]一方面，价值观对人们认识世界和改造世界的活动具有导向作用，影响人们对事物的认识和评价，影响人们改造世界的活动。另一方面，价值观对人生道路选择具有导向作用，一个人走什么样的人生道路，选择什么样的生活方式，都是在一定的价值观指导下进行的。

习近平总书记指出，具有强烈的爱国情怀，是对我国科技人员第一位的要求。[2]科学没有国界，科学家有祖国，广大科技人员要牢固树立创新科技、服务国家、造福人民的思想，把科技成果应用在实现国家现代化的伟大事业中，把人生理想融入为实现中华民族伟大复兴的中国梦的奋斗中。这些重要论述，在继承马克思主义价值观导向理论的基础上，更加强调要把人才作用发挥与国家需要、社会需要、时代需要结合的重要性。

具有强烈的爱国情怀，是我国科技人员的优良传统，也是我国科技界一以贯之的价值观。新中国成立初期，钱学森、钱三强、华

[1] 马克思主义基本原理概论编写组．马克思主义基本原理概论 [M]. 北京：高等教育出版社，2013.

[2]《习近平在中国科学院考察时强调 深化科技体制改革增强科技创新活力 真正把创新驱动发展战略落到实处》，《人民日报》2013 年 7 月 18 日。

罗庚等一大批优秀科学家，毅然放弃国外优越的生活条件、工作条件，回到百废待兴的祖国，克服重重困难，为国家发展作出了彪炳史册的重大贡献。改革开放以来，在载人航天、海底深潜、北斗导航、高速铁路等重大科技工程实施过程中，又有无数科技人员创造了可歌可泣的感人事迹。

具有强烈的爱国情怀，是对我国科技人员第一位的要求。这个要求继承了马克思主义价值观导向，弘扬了我国科技界优良传统，充分彰显了我国人才发展观的时代特征。

（二）坚持在实践中成才的观点，提出要在创新实践中发现人才、在创新活动中培育人才、在创新事业中凝聚人才

马克思指出，全部社会生活在本质上是实践的。[1] 实践是一切认识的来源，是认识发展的根本动力，是认识的最终目的，还是检验认识正确与否的标准。这就是说，只有坚持在实践中成才，才能形成人才辈出、人尽其才、才尽其用的生动局面。

在创新实践中发现人才。习近平总书记指出，要树立强烈的人才意识，寻觅人才求贤若渴，发现人才如获至宝，举荐人才不拘一格；[2] 要为人才发挥作用、施展才华提供更加广阔的天地，让他们

[1] 马克思主义基本原理概论编写组．马克思主义基本原理概论 [M]. 北京：高等教育出版社，2013.

[2]《习近平在全国组织工作会议上强调 建设一支宏大高素质干部队伍 确保党始终成为坚强领导核心》，《人民日报》2013 年 6 月 30 日。

人尽其才、才尽其用、用有所成。[1]这就告诉我们，发现人才的关键是实践，要用创新实践中的“实绩”去考核人才，不唯学历、不唯职称、不唯资历，让人才在创新竞争中脱颖而出。

在创新活动中培育人才。习近平总书记指出，科学技术是人类的伟大创造性活动，一切科技创新活动都是人做出来的。人才是在肯干事、能干成事，特别是能干成难事的过程中成长起来的。[2]要为人才创造干事的机会，在实践中促进人才脱颖而出，放手使用优秀人才，让更多的青年人参与项目管理决策，牵头承担重大课题，获得经费支持，领衔攻关项目。这就是告诉我们，要为广大科技人员提供实践舞台，让人人都有参与到创新实践中去的平等机会，通过创新实践助推人才成长。

在创新事业中凝聚人才。习近平总书记指出，要加强人才投入，优化人才政策，营造有利创新创业的政策环境，构建有效的引才用才机制，形成天下英才聚神州，万类霜天竞自由的创新局面。[3]一个国家对外开放，必须首先推进人的对外开放，特别是人才的对外开放；当今世界聚才、用才，应该包括国际国内两个方面

---

[1]《按“三个牢牢把握”塑造引领型发展——学习〈习近平关于创新论述摘编〉》，《人民日报》2016 年 3 月 3 日。

[2]《全国科技创新大会两院院士大会中国科协第九次全国代表大会在京召开》，《人民日报》2016 年 5 月 31 日。

[3]《习近平在中国科学院第十九次院士大会、中国工程院第十四次院士大会开幕会上发表重要讲话强调 瞄准世界科技前沿引领科技发展方向 抢占先机迎难而上建设世界科技强国》，《人民日报》2018 年 5 月 29 日。

的人才，也就是择天下英才而用之。这就告诉我们，我们应该坚持在全球 70 亿人范围内选才，为天下英才提供庞大的创新事业舞台，在众多的创新实践活动中吸引、凝聚和留住更多创新人才。

在创新实践中发现人才、在创新活动中培育人才、在创新事业中凝聚人才，才能聚天下英才而用之，继承了马克思主义在实践中成才的理论，并根据中国创新实践的新形势，与时俱进地进行了丰富和发展。

（三）坚持人的全面发展理论，提出要充分激发各类人才创新活力和潜力

实现人的全面发展，是马克思主义的根本要求，也是我国人才工作的出发点和归宿。坚持人的全面发展，就是要在智力层面充分激发人的创造性和主观能动性，充分释放人的智力潜能；在精神层面充分尊重人的志趣追求，为实现人的自我价值和社会价值创造有利条件。

习近平总书记指出，要尊重科学研究灵感瞬间性、方式随意性、路径不确定性的特点，允许科学家自由畅想、大胆假设、认真求证；既要用事业激发其创新勇气和毅力，也要重视必要的物质激励，使他们“名利双收”。要在全社会营造鼓励大胆创新、勇于创新、包容创新的良好氛围，既要重视成功，更要宽容失败，最大限度支持和帮助科技人员创新创业。这就告诉我们，要激发人才的创新动力活力，需要树立正确的政策导向，引导和鼓励各类人才全面

发展、大胆创新。[1]

习近平总书记指出，不要以出成果的名义干涉科学家的研究，不要用死板的制度约束科学家的研究活动；要让领衔科技专家有职有权，有更大的技术路线决策权、更大的经费支配权、更大的资源调动权，防止瞎指挥、乱指挥；要坚决破除制约人才作用发挥的体制机制羁绊，形成“人人皆可成才，人人尽展其才”的万马奔腾局面。[2] 这就告诉我们，充分激发人才的创造潜能，必须破除制约人全面发展的条条框框。

习近平总书记从“破”与“立”两个方面、物质与精神两个层面，对激发各类人才创新活力和潜力提出一系列重要论述，丰富和践行了人的全面发展理论。

[1]《全国科技创新大会两院院士大会中国科协第九次全国代表大会在京召开》，《人民日报》2016 年 5 月 31 日。
[2]《全国科技创新大会两院院士大会中国科协第九次全国代表大会在京召开》，《人民日报》2016 年 5 月 31 日。

第三节

吹响建设世界科技强国的号角
为科技创新指明了发展方向

2016 年 5 月 30 日，在全国科技创新大会、两院院士大会、中国科协第九次全国代表大会上，习近平总书记发表了重要讲话，吹响了建设世界科技强国的号角。习近平总书记指出，我国科技事业发展的目标是到 2020 年进入创新型国家行列，到 2035 年进入创新型国家前列；到本世纪中叶成为世界科技强国。[1] 以习近平同志为核心的党中央把世界科技强国作为社会主义现代化强国建设的题中之义，把创新与实现中华民族伟大复兴中国梦的目标紧

[1]《全国科技创新大会两院院士大会中国科协第九次全国代表大会在京召开》，《人民日报》2016 年 5 月 31 日。

密结合起来，这符合建设社会主义现代化强国的理论逻辑和历史逻辑。

一、从抢抓新一轮科技革命机遇出发，回答了如何推动重要科技领域跻身世界领先行列

习近平总书记指出，那些抓住科技革命机遇走向现代化的国家，都是科学基础雄厚的国家；那些抓住科技革命机遇成为世界强国的国家，都是在重要科技领域处于领先行列的国家。[1] 我们深刻认识到，建设世界科技强国，必须面向世界科技前沿，厚植科学基础，在若干重要科技领域跻身全球领先行列。

（一）科学判断我国科技发展所处的历史方位，为推动我国重要科技领域跻身世界领先行列提供现实依据

不断运动、变化、转变和发展是历史过程的主旋律。掌握历史规律，凝练出科学方法，才能够帮助我们改变世界、创造历史。科学研判我国科技创新所处的历史方位，分析当前我国科技发展的历史节点在整体历史过程中所处的地位、角色及其应发挥的作用，是我们推进重要科技领域跨越发展的基本前提。

[1]《全国科技创新大会两院院士大会中国科协第九次全国代表大会在京召开》，《人民日报》2016 年 5 月 31 日。

习近平总书记综合研判国际国内科技发展形势，深刻指出：我国科技整体能力持续提升，一些重要领域方向跻身世界先进行列，某些前沿方向开始进入并行、领跑阶段，正处于从量的积累向质的飞跃、点的突破向系统能力提升的重要时期；从总体上看，我国在主要科技领域和方向上实现了邓小平同志提出的“占有一席之地”的战略目标，正处在跨越发展的关键时期。[1]

当前，国内外科技创新空前活跃，我国科技发展正处于实现历史性变革的关键时期。习近平总书记指明我国科技发展所处的历史方位，对于我们保持清醒头脑和战略定力至关重要，为全国上下研究制定科技发展战略、选准主攻方向、实施重大项目、推动重大改革、调整支持政策、优化资源配置等重要工作提供了根本遵循。

（二）准确把握我国科技发展主要矛盾，为推动我国重要科技领域跻身世界领先行列指明主攻方向

问题是时代的声音，每个时代总有属于它自己的问题，只有树立强烈的问题意识，才能够实事求是地对待问题，才能够找到引领时代进步的路标。

习近平总书记对科技体系内部存在的主要矛盾和问题作出了

[1]《全国科技创新大会两院院士大会中国科协第九次全国代表大会在京召开》，《人民日报》2016 年 5 月 31 日。

一系列深刻分析，指出了其中的主要矛盾和问题。比如，同建设世界科技强国的目标相比，我国发展还面临重大科技瓶颈，创新能力不强，科技发展水平总体不高，科技对经济社会发展的支撑能力不足，科技对经济增长的贡献率远低于发达国家水平，这是我国这个经济大个头的“阿喀琉斯之踵”。[1] 又如，关键领域核心技术受制于人的格局没有从根本上改变，底层基础技术、基础工艺能力不足，工业母机、高端芯片、基础软硬件、开发平台、基本算法、基础元器件、基础材料等瓶颈仍然突出。再如，科技基础仍然薄弱，科技创新能力特别是原创能力还有很大差距，企业对基础研究重视不够，重大原创性成果缺乏。

精准把脉当前我国科技体系内部运行存在的主要问题，将创新能力不强作为主要矛盾，关键核心技术受制于人作为矛盾的主要方面，为广大科技工作者和科技管理工作者明晰了工作重点，指明了努力方向。

（三）系统分析科技跨越发展的方法路径，为推动我国重要科技领域跻身世界领先行列提供战略指导

习近平总书记立足我国科技发展所处历史方位，深刻指明了推动重要科技领域跻身世界领先行列的方法路径。一是把握战略机

---

[1]《中共十八届五中全会在京举行 中央政治局主持会议 中央委员会总书记习近平作重要讲话》，《人民日报》2015 年 10 月 30 日。

遇，选准关系全局和长远发展的战略必争领域和优先方向，围绕重大科学问题原创性突破、重大颠覆性技术创新、新技术广泛渗透带来群体性重大技术变革、新一代信息技术同机器人和智能制造技术相互融合等新一轮科技革命典型特征，确定优先发展领域方向。二是掌握战略主动，增强紧迫感，及时确立发展战略，以更大决心和力度抓紧推动科技创新和进步，全面增强自主创新能力。三是坚定创新自信，坚定敢为天下先的志向，在独创独有上下功夫，勇于挑战最前沿的科学问题，提出更多原创理论，作出更多原创发现。

习近平总书记的重要论述，为我们推动重要科技领域跻身世界领先行列提供方法论指导，为广大科技工作者和科技管理工作者指明实现路径。

二、从支撑国家战略需求出发，回答了如何强化科技创新战略导向

习近平总书记指出，当前国家对战略科技支撑的需求比以往任何时期都更加迫切；科技创新的战略导向十分紧要，必须抓准，以此带动科技难题的突破；要强化战略导向，破解创新发展科技难题。[1] 我们深刻认识到，建设世界科技强国，必须面向国家战略需

[1]《全国科技创新大会两院院士大会中国科协第九次全国代表大会在京召开》，《人民日报》2016 年 5 月 31 日。

求，突破事关国家长远发展的战略性问题。

（一）综合研判战略高技术方向，指明新一轮科技革命和产业变革的战略必争之地

科技发展战略制高点是国家竞争的战略必争之地，在国家发展中有前瞻性、综合性和全局性重要作用。科学技术渗透能力不断增强，抢占科技发展战略制高点，是引领未来发展、提高综合竞争力、保障国家安全的必由之路。

当今世界，科技发展日新月异，战略高技术正在向深空、深海、深地、深蓝拓进，不断开辟人类认识世界、利用资源的新疆域，正在深刻改变国家安全格局。超深水钻井平台、多功能水下机器人、深海空间站等海洋新技术迅猛发展，使深海油气资源、生物资源开发成为可能；地质勘探技术、深地钻探技术不断升级，使地球更加透明，页岩气开发改变了美国乃至全球的能源供需格局。战略高技术不断拓展人类认知和控制能力极限，使太空、深远海、互联网络等成为战略必争之地。

习近平总书记的重要论述为我们着力攻破关键核心技术，抢占事关长远和全局的科技战略制高点，提供了有力指导。

（二）部署国家战略科技力量，把握了大科学时代科技创新活动的基本规律

现代科技史表明，建制化的战略科技力量始终是推动国家科

技发展不可或缺的重要主体。自第一次科学革命以后的很长一段时期内，科学研究主要以个人兴趣爱好为驱动，以个体研究为主。第二次世界大战中各国军事工业等需求，极大地促进了科学和技术发展，科学研究结构越来越复杂、速度越来越迅猛、规模越来越庞大、对社会的影响也越来越大，已经远远超出个人的能力范围。以 20 世纪 40 年代美国“曼哈顿计划”为标志，现代科学发展进入“大科学时代”，建制化成为发展科技的关键途径。

建制化的国家战略科技力量，是大科学时代科学研究的显著特征。目前，世界科技强国都拥有自己的国家战略科技力量，用以承担前瞻性、战略性的国家研究任务。比如，美国能源部、航空航天局、国防部下属的国家实验室，德国的亥姆霍兹联合会，法国的国家科研中心，日本的理化学研究所等，在提升基础科学研究能力、解决国家战略安全问题和推动经济高质量发展方面发挥着不可替代的作用。

立足新时代，为更好地组织国家使命导向重大科技任务，以习近平同志为核心的党中央作出在重大创新领域组建一批国家实验室的重大决策部署，强调以国家实验室为抓手，强化国家战略科技力量，推动国家实验室同其他各类科研机构、大学、企业研发机构，形成功能互补、良性互动的协同创新新格局。

强化国家战略科技力量，组建国家实验室既是发展任务，更是改革任务，有利于迅速提升我国科研体系的战斗力，对我国开拓科技创新事业新局面具有重大而深远的战略意义。

（三）组织实施重大科技项目，充分彰显了推动重大创新领域跨越发展的战略决心

习近平总书记指出，落实创新驱动发展战略，必须把重要领域的科技创新摆在更加突出的地位，实施一批关系国家全局和长远的重大科技项目。[1]

2014 年 8 月，党中央确定要抓紧实施已有的 16 个国家科技重大专项，进一步聚焦目标、突出重点，攻克高端通用芯片、集成电路装备、宽带移动通信、高档数控机床、核电站、新药创制等关键核心技术，加快形成若干战略性技术和战略性产品，培育新兴产业。

2015 年 10 月，党的十八届五中全会决定，面向 2030 年，再选择一批体现国家战略意图的重大科技项目，力争有所突破。从更长远的战略需求出发，坚持有所为有所不为，在航空发动机及燃气轮机、量子通信与量子计算机、智能制造和机器人、重点新材料、脑科学与类脑研究、健康保障等领域再部署一批体现国家战略意图的重大科技项目。

作出实施重大科技项目的战略部署，有利于我国抢占新一轮科

---

[1]《全国科技创新大会两院院士大会中国科协第九次全国代表大会在京召开》，《人民日报》2016 年 5 月 31 日。

技革命的战略制高点，有利于开辟新的产业发展方向、培育新的经济增长点。

三、从服务经济社会主战场出发，回答了如何更有效发挥科技支撑引领作用

习近平总书记指出，“穷理以致其知，反躬以践其实”；科学研究既要追求知识和真理，也要服务于经济社会发展和广大人民群众；广大科技工作者要把论文写在祖国的大地上，把科技成果应用在实现现代化的伟大事业中。[1]我们深刻认识到，建设世界科技强国，必须面向经济社会主战场，扩大科技供给质量和效率，推动经济发展质量变革、效率变革、动力变革。

（一）着眼经济高质量发展需要，将创新作为现代化经济体系的战略支撑

按照经典创新理论，创新就是要“建立一种新的生产函数”，即“生产要素的重新组合”，把一种从来没有的生产要素和生产条件的“新组合”引进到生产体系中去，以获得潜在利润，即最大限度地获取超额利润。按此理论，可以从两个方面理解技术促进

[1]《全国科技创新大会两院院士大会中国科协第九次全国代表大会在京召开》，《人民日报》2016 年 5 月 31 日。

创新、推动经济增长的作用：一是技术是众多生产要素中的一种，只有参与到“新组合”并引入社会生产之中，才能产生经济价值；二是技术是众多生产要素中最具革命性的，一旦将它引入“新组合”，就会产生更高质量的创新，获得更加丰厚的市场回报，推动经济更高质量地发展。

对于技术与经济之间的上述关系，历史已经充分证明。在冷战时期，苏联在与美国竞争过程中，始终把科技摆在突出位置，建成了世界第一座核电站，发射了世界第一颗人造地球卫星，第一个将人类送上太空，在基础物理、数学、化学等方面创造了一大批世界级科技成果，科技实力有目共睹。但是，苏联科技与经济发展结合不够紧密，科技创新成果没有充分转化为经济高质量发展的强大动力，最终在经济竞争中落败。反观美国，注重将科技与经济发展融为一体，不断地孕育出新产业、新技术、新业态、新模式，在历次产业变革中始终占据有利位置。

习近平总书记在作党的十九大报告时指出，我国经济已由高速增长阶段转向高质量发展阶段，正处在转变发展方式、优化经济结构、转换增长动力的攻关期，建设现代化经济体系是跨越关口的迫切要求和我国发展的战略目标。加快建设现代化经济体系，必须坚持质量第一、效益优先，以供给侧结构性改革为主线，推动经济发展质量变革、效率变革、动力变革，提高全要素生产率，不断增强我国经济创新力和竞争力。因此，将创新作为建设现代化经济体系的战略支撑，就是要坚持把满足经济高质量发展的需求作为创新的出发点和落脚点。

（二）着眼把握发展主动权需要，提出必须牢牢把关键核心技术掌握在自己手中的重要论断

在众多技术中，关键核心技术开发难度大、成本高、周期长，一旦掌握且广泛地应用到生产之中，就具有极强的不可替代性。在工业化大生产中，掌握关键核心技术的创新主体，在产业链供应链中拥有最强的话语权。

实践反复告诉我们，关键核心技术是要不来、买不来、讨不来的。谁掌握关键核心技术，就掌握了主导产业发展的话语权，一定程度上决定了产业链内部的价值分配。从掌握具有可替代性的一般性技术，到掌握具有不可替代性的关键核心技术，需要经历艰辛的技术要素高级化过程，需要克服高风险、高投入、长周期等巨大压力，甚至可能还面临研发人员匮乏、仪器设备和数据资料短缺、技术储备能力不足等窘境。

只有把关键核心技术掌握在自己手中，才能从根本上保障国家经济安全、国防安全和其他安全。[1] 这些重要论述，为我们把创新

[1]《习近平在中国科学院第十九次院士大会、中国工程院第十四次院士大会开幕会上发表重要讲话强调 瞄准世界科技前沿引领科技发展方向 抢占先机迎难而上建设世界科技强国》，《人民日报》2018 年 5 月 29 日。

主动权、发展主动权牢牢掌握在自己手中提供了有力的指导。

（三）着眼构筑竞争新优势的需要，将企业作为科技和经济紧密结合的重要力量

科技成果转化是为提高生产力水平，对科学研究与技术开发产生的具有实用价值的科技成果，进行后续试验、开发、应用、推广直至形成新产品、新工艺、新材料、新产业等社会活动。科技成果转化是一个复杂的系统工程，风险较高，投资较大，应用前景具有很大的不确定性。

促进科技成果转化是摆在各国面前的一个重要难题。过去相当长一段时期内，我国借鉴发达国家的做法，更加注重提高高等院校、科研院所技术供给，推进科技成果转移转化。比如，授予职务发明人科技成果所有权、使用权、处置权，支持高等院校、科研院所建立专门的技术转移转化机构，建设技术交易市场等。这些政策措施，有力地促进了科技成果转移转化，为经济发展注入了强大动力。但是，我国科技成果转化难的顽疾没有根本破解，转化率远低于发达国家水平。

企业是科技和经济紧密结合的重要力量，应该成为技术创新决策、研发投入、科研组织、成果转化的主体。在这一重大决策影响下，越来越多的企业成为国家重大项目的牵头实施单位，既与高等院校、科研院所一起攻克技术难关，又直接将科技成果运用到生产

之中。越来越多的国家产业创新中心、制造业创新中心、技术创新中心、工程研究中心等科技成果转化平台由企业牵头组建，与高等院校、科研院所和产业上下游企业组成创新联合体，有力地支撑科技成果跨主体流动和系统集成。

第四节

坚定不移走中国特色自主创新道路
开创了创新驱动发展的新局面

习近平总书记指出，不能总是用别人的昨天来装扮自己的明天，不能总是指望依赖他人的科技成果来提高自己的科技水平，更不能做其他国家的技术附庸，永远跟在别人的后面亦步亦趋；我们没有别的选择，非走自主创新道路不可。[1]党的十八大以来，以习近平同志为核心的党中央坚定不移地推进自主创新，带领全国人民走出了一条中国特色自主创新道路。

---

[1]《习近平在中国科学院第十七次院士大会、中国工程院第十二次院士大会开幕会上发表重要讲话强调 坚定不移创新创新再创新 加快创新型国家建设步伐》，《人民日报》2014 年 6 月 10 日。

一、坚持把加强党对科技创新的全面领导作为根本政治保证

党政军民学，东西南北中，党是领导一切的。党的领导是中国特色社会主义最本质的特征。新时代继续走好中国特色自主创新道路，必须进一步加强和完善党对科技创新的全面领导，以习近平新时代中国特色社会主义思想为指导，增强“四个意识”、坚定“四个自信”、做到“两个维护”，强化党把方向、谋大局、定政策、促改革的关键作用，确保党始终总揽全局、协调各方。

（一）习近平新时代中国特色社会主义思想，为走中国特色自主创新道路提供科学指引

习近平新时代中国特色社会主义思想，是当代中国马克思主义、21 世纪马克思主义，顺应时代发展，从理论和实践结合上系统回答了新时代坚持和发展什么样的中国特色社会主义、怎样坚持和发展中国特色社会主义这个重大时代命题，是党和国家必须长期坚持的指导思想。

习近平新时代中国特色社会主义经济思想内涵十分丰富，“创新”是重要内容。党的十九大报告中，“创新”一词出现了 50 余次，既涵盖了创新发展理念、创新驱动发展战略等内容，又涉及理论创新、实践创新、制度创新、科技创新、文化创新以及其他各方

面的创新，为我们走中国特色自主创新道路提供了强大的思想武器和行动指南。

新时代孕育新思想，新思想指导新实践。习近平新时代中国特色社会主义经济思想，使中国共产党对创新发展规律、科技管理规律、人才成长规律的认识达到了新高度，为发展马克思主义作出了原创性贡献，是我们走中国特色自主创新道路不可或缺的思想利器。在实施创新驱动发展战略、建设世界科技强国的历史进程中，我们需要攀登一个又一个的科学高峰，突破一个又一个的关键核心技术，研制一个又一个的战略性产品和颠覆性技术，攻克一个又一个体制机制障碍，培养造就一批又一批优秀创新人才和团队，必须用习近平新时代中国特色社会主义经济思想武装头脑、指导实践，始终保持我国科技创新的正确方向。

（二）党对科技创新的领导，为我们走中国特色自主创新道路提供有力的组织保障

在人类社会发展进程中，任何一项大的认识和改造客观世界的实践活动，都是有组织的活动，都需要一个领导核心。新中国成立以来，党中央在我国科技创新发展的每一个关键节点上，党始终都发挥着把方向、谋大局、定政策、促改革的关键作用，是推动我国科技创新不断前进的领导核心。

中国共产党始终代表中国最广大人民的根本利益，始终在妥善处理人民当前利益和长远利益的关系中制定大政方针，始终在统筹

兼顾局部利益与整体利益的关系中作出战略部署，始终坚持全国一盘棋、调动各方面的积极性。同时，党组织严密、纪律严明，具有强大的执行力，能够为自己确立的奋斗目标不懈努力，始终保持战略定力，做到一张蓝图绘到底。党的一系列优秀特质决定了在党的领导下能够做到集中力量办大事，办难事，办成事。

创新是一个复杂的系统工程，不是少数人的专利。只有人人崇尚创新，人人支持创新，人人参与创新，才能够实现创新驱动发展。要发挥集中力量办大事的制度优势，强化党在抓重大、抓尖端、抓基础等方面的重要领导作用，为我国科技创新发展提供了坚强保障。要发挥党强大的组织动员能力，把全社会的人力、物力、财力有效组织起来，动员全党全国全社会万众一心为实现建设世界科技强国的目标而努力奋斗。

总之，只有坚持和加强党对科技创新的全面领导，我国才能够进入创新型国家前列，实现世界科技强国建设目标。

（三）党管人才工作的重要原则，为我们走中国特色自主创新道路提供了有力的人才供给

创新之道，唯在得人。全部科技史都证明，谁拥有了一流创新人才、拥有了一流科学家，谁就能在科技创新中占据优势。当今世界，人才资源作为经济社会发展第一资源的特征和作用更加明显，人才竞争已经成为综合国力竞争的核心。随着我国人才整体素质不断提高，人才规模不断扩大，人才队伍构成更加多元化，人才

流动持续加快，对各类人才服务、支持和管理的力度需要进一步加大。新形势新任务下，要进一步加强党管人才工作，加强和改进党对人才工作的领导，把各类优秀人才团结凝聚在创新事业周围，促进创新驱动发展战略更好实施，建设世界科技强国宏伟目标顺利实现。

习近平总书记指出，创新驱动实质上是人才驱动。[1] 进入 21 世纪后，党中央作出实施人才强国战略的重大决策，确立了党管人才原则。党管人才主要是管宏观、管政策、管协调、管服务，包括人才发展战略，制定并落实人才发展重大政策，协调各方面力量形成共同推动人才工作的整体合力，为各类人才干事创业、实现价值提供良好服务等。党管人才是党的组织制度的重要组成部分，是人才工作沿着正确方向前进的根本保证。坚持党对人才工作的领导，有助于加快形成有利于人才成长的培养机制、人尽其才的使用机制、竞相成长各展其能的激励机制、各类人才脱颖而出的竞争机制，培养造就一大批具有国际水平的战略科技人才、科技领军人才、青年科技人才和创新团队，形成天下英才聚神州，万类霜天竞自由的创新局面。

---

[1]《习近平在参加上海代表团审议时强调 当好改革开放排头兵创新发展先行者 为构建开放型经济新体制探索新路》，《人民日报》2015 年 3 月 6 日。

二、坚持把构建新型举国体制作为成就创新伟业的关键一招

习近平总书记指出，我国社会主义制度能够集中力量办大事是我们成就事业的重要法宝；过去我们取得重大科技突破依靠这一法宝，今天我们推进科技创新跨越也要依靠这一法宝。[1] 构建社会主义市场经济条件下关键核心技术攻关的新型举国体制，就是根据新形势新任务进一步强化这一制度优势的重要体现。

（一）构建新型举国体制，继承了我国集中力量办大事的一贯主张和优良传统

举国体制是在特定领域实现国家意志的一项特殊制度安排，不是计划经济的产物，也不是某一个国家独有。发达国家在国防安全技术、事关国家发展全局和长远的战略高技术领域，也大量运用举国体制，如美国的曼哈顿计划、阿波罗计划、信息高速公路计划等，日本的月光计划、超大规模集成电路计划，欧洲的尤里卡计划等。我国充分发挥社会主义集中力量办大事的优势，运用举国体制，在“一穷二白”的情况下，迅速建立起自己的科技体系、工业

[1]《习近平在庆祝全国人民代表大会成立 60 周年大会上发表重要讲话强调 毫不动摇坚持和完善人民代表大会制度 坚持走中国特色社会主义政治发展道路》，《人民日报》2014 年 9 月 6 日。

体系，并逐步发展成为世界科技大国和制造业中心。

新型举国体制的核心要义之一是集中力量办大事，这是中国共产党的优良传统。早在革命战争年代，中国共产党就提出了集中优势兵力打歼灭战的思想。新中国成立初期，又提出集中力量发展生产力和走中国工业化道路，组织实施 156 项重大工程、694 个大中型建设项目，在此基础上建立起了比较完整、比较独立的工业体系和国民经济体系。组织动员全国优势科技力量，集中攻关，取得了“两弹一星”等重大科技成果，都是以国家利益为最高目标，举全国之力的结果。

用好集中力量办大事这一“法宝”，既是对中国共产党优良传统的继承，也是对社会主义制度优势的发扬。

（二）构建新型举国体制，实现了我国集中力量办大事制度优势的与时俱进

在国家发展不同时期、科技发展不同阶段，举国体制会呈现不同的特征。习近平总书记提出构建新型举国体制，是根据我国国情、国际环境变化作出的重大决策，更加注重将我国的制度优势、庞大市场优势和市场经济体制结合起来，使举国体制在新时代焕发出新的生机和活力。

运用环境“新”：新型举国体制使用以遵循社会主义市场经济规律为前提。传统举国体制主要依靠行政力量，通过指令、计划等方式实现人力、物力、财力等资源要素的调拨，由主管部门、牵头

单位等把产学研力量组织在一起，开展关键核心技术攻关，让科研活动直接服务生产需求。新型举国体制注重发挥市场配置资源的决定性作用，更好地发挥政府作用，采用市场经济手段配置创新资源，以共同目标、共同利益把产学研力量组织起来，共同攻克关键核心技术，共同分享创新成果。

实施主体“新”：新型举国体制强调企业是创新主体。计划经济时期，我国科研和生产是分离的。科研力量主要集中在“五路大军”[1]手中，企业主要承担生产任务。随着社会主义市场经济体制逐步建立，企业的研发力量逐步壮大起来，绝大多数研发人员在企业，绝大多数研发经费来自企业。运用新型举国体制组织关键核心技术攻关，通常选择有实力的企业牵头，高校、科研院所处于配合地位。

使用范围“新”：新型举国体制聚焦在关键核心技术攻关中使用。计划经济时期，举国体制使用比较普遍。随着社会主义市场经济体制逐步完善，产业技术开发活动必须发挥市场配置资源的决定性作用，政府只是在极少数事关全局和长远发展的领域组织科技计划、攻关行动。

习近平总书记推动构建的新型举国体制，充分发挥了我国社会主义制度能够集中力量办大事的制度优势，同时注入了丰富的时代内涵，让“制度优势”焕发了新的生机活力。

[1] “五路大军”指中国科学院、高等院校、中央部委所属科研机构、地方科研机构、国防科研机构。

（三）构建新型举国体制，推动了我国科技创新治理体系和治理能力现代化

党的十九届四中全会将完善科技创新体制机制作为国家治理体系和治理能力现代化的重点任务之一，强调要强化国家战略科技力量，健全国家实验室体系，构建社会主义市场经济条件下关键核心技术攻关新型举国体制。

构建新型举国体制，要坚持法治化原则。要采取市场经济手段，引导创新主体开展关键核心技术攻关。在社会主义市场经济条件下，不能再用简单的行政手段、财政补贴等调节创新主体的行为，必须更多地运用税收优惠、技术标准、政府采购、知识产权等普惠性政策，引导创新主体聚集人力、物力、财力，加强协同创新，解决关键核心技术问题。健全符合市场经济规律、科研规律的科技管理体制和政策体系，对管理部门和管理人员来说是"一场革命"，是推进治理体系和治理能力现代化道路上的必修课。

构建新型举国体制，要坚持市场化原则。要按照市场经济规律，组织关键核心技术攻关。在计划经济时期，运用举国体制组织关键核心技术攻关，对产品市场竞争力、消费者接受度、投入产出效益等经济指标考虑不多，更多地考虑研发出什么样的技术能够服务产品生产，即主要解决技术"有没有"的问题。新型举国体制既注重技术价值，又注重经济价值，还注重市场表现，产生的关键核心技术不仅能解决生产问题，而且还要在市场上有竞争力，不仅要

解决“有没有”的问题，还要解决“好不好”的问题。这对科技创新治理体系和治理能力提出了严峻挑战。

构建新型举国体制，要坚持国际化导向。要依靠市场主体和规则开展关键核心技术攻关，按照国际规则利用国际创新资源。计划经济时期，外部环境比较封闭，依靠行政力量，自力更生解决了关键核心技术从无到有的问题。社会主义市场经济条件下，市场高度开放，科技和产业竞争极为激烈，必须按照国际规则，运用市场机制激励企业开发在国际市场上具有竞争优势的关键核心技术，这对科技创新治理体系和治理能力现代化提出了更高要求。

三、坚持把科技创新和制度创新“双轮驱动”作为强大动力

习近平总书记指出，科技领域是最需要不断改革的领域，要敢于啃硬骨头，敢于涉险滩、闯难关，破除一切制约科技创新的思想障碍和制度藩篱；要坚持科技创新和制度创新“双轮驱动”，以问题为导向，以需求为牵引，在实践载体、制度安排、政策保障、环境营造上下功夫，在创新主体、创新基础、创新资源、创新环境等方面持续用力。[1] 习近平总书记的重要论述，把科技创新和制度创

[1]《习近平在中国科学院第十九次院士大会、中国工程院第十四次院士大会开幕会上发表重要讲话强调 瞄准世界科技前沿引领科技发展方向 抢占先机迎难而上建设世界科技强国》，《人民日报》2018 年 5 月 29 日。

新统筹了起来，从生产力和生产关系辩证统一的高度，对深化创新体制机制改革作出系统部署和安排。

（一）坚持抓主要矛盾，明确要紧紧围绕科技和经济社会发展深度融合推进改革

习近平总书记指出，深化科技改革这篇文章怎么做？改革的目标只有一个，那就是要进一步打通科技和经济社会发展之间的通道。[1]这就告诉我们，目前的主要矛盾是科技与经济结合不够紧密。推进科技与经济社会发展深度融合，是推动科技体制改革的出发点和落脚点。

从实验室技术到商业化应用，一般要经过小试、中试等步骤才能实现量产，需要解决一系列复杂的工程技术问题，具有较高的失败风险，学者们将这一阶段称为“死亡之谷”。科研成果跨越“死亡之谷”是一个全球性的难题，在我国表现得尤为突出。因此，要牢牢抓住这一主要矛盾，取消一系列影响创新链条顺畅运转的体制机制“关卡”，坚持把企业作为推动科技成果转化的主体，广泛调动科技人员、高校、科研院所等积极性，动员多方面力量，着力打通科技与经济结合通道的“最后一公里”。

党的十八大以来，以习近平同志为核心的党中央紧紧围绕促进

[1]《习近平在中共中央政治局第九次集体学习时强调 敏锐把握世界科技创新发展趋势 切实把创新驱动发展战略实施好》，《人民日报》2013年10月2日。

科技与经济深度融合推进科技体制改革，取得了明显成效。在保护知识产权方面，坚决革新知识产权保护的体制机制，破解侵权易、维权难的突出难题。在激励科技人员方面，启动职务科技成果权属混合所有制改革，允许管理人员和科研人员持有股份，激发创新主体转化成果的内生动力。在金融支持方面，推动上海证券交易所设立科创板并试点注册制，积极推动投贷联动金融服务模式创新，积极破解科技成果转化的融资难问题。

（二）坚持系统思维方法，切实把推进科技体制改革和经济体制改革统筹协同起来

创新是一个系统工程，创新链、产业链、资金链、政策链相互交织、相互支撑，改革只在一个环节或几个环节搞是不够的，必须全面部署，坚定不移推进。破解制约创新的体制机制难题，要运用系统思维方法，考虑创新的经济因素，同时考虑制度、组织、社会、政治等因素，做好改革的顶层设计，保持战略定力，发扬钉钉子精神，才能从根本上塑造有利于创新的制度环境。

改革开放40余年来，我国建立起了一套有利于要素驱动、投资驱动的制度政策环境，要推动经济社会发展向创新驱动转变，需要对整个制度体系进行一次系统性的改革调整，涉及方方面面的改革。习近平总书记指出，科技体制改革必须与其他方面改革协同推进，加强和完善科技创新管理，促进创新链、产业链、市场需求有机衔接。我们深刻认识到，实施创新驱动发展战略是一项系统工程，必须用

系统思维方法，突出改革的系统性、整体性、协同性，全面推进科技体制改革、经济体制改革以及其他方面的改革，才能够取得实效。

党的十八大以来，以习近平同志为核心的党中央全面分析影响创新驱动发展的体制机制因素，在构建国家创新体系特别是放宽市场准入、破除垄断和市场分割、建设协同创新平台、加大创新型小微企业支持力度、完善风险投资机制、加大财税金融支持、促进人才培养和流动、推动科研院所改革等方面，研究推出了一系列管长远的改革方案，加强科技体制改革与经济、教育、金融等体制改革的衔接，从市场环境、科技管理、创新人才等方面，破除了一系列制约创新的体制机制改革障碍。

（三）坚持试点试验先行，强调要通过全面创新改革试验探索可复制推广的好经验好做法

试点是重要改革任务，更是重要改革方法。随着改革不断深入，其艰巨性、复杂性、系统性愈加凸显，啃下改革硬骨头，就需要发挥好试点对改革全局的示范、突破和带动作用，通过试点探索改革的实现路径和形式，为面上改革提供可复制推广的经验做法。近年来，党中央聚焦重大改革任务，深耕细作改革“试验田”，为推进全国面上改革积累了丰富经验。实践证明，试点能否迈开步子、趟出路子，直接关系改革成效。

习近平总书记指出，要遵循区域创新高度集聚的规律，研究在一些省区市系统推进全面创新改革试验，授权这些地区在知识产权、科

研院所、高等教育、人才流动、国际合作等多方面改革，形成几个具有创新示范和带动作用的区域性创新平台。[1] 2015年9月7日，《关于在部分区域系统推进全面创新改革试验的总体方案》正式公布，京津冀、上海、广东、安徽、四川、武汉、西安、沈阳等被确定为全面创新改革试验区域。

经过四年多的改革试验，全面创新改革试验取得了重要成效，突破了一批制约创新发展的体制机制障碍，形成了若干可复制推广的改革成果。全面创新改革试验区域研发投入持续增长，创新活力不断迸发，科技与经济改革发展更加协同，率先向创新驱动转型迈出实质性步伐。

四、坚持把深化开放合作作为推进自主创新的应有之义

习近平总书记指出，自主创新是开放环境下的创新，绝不能关起门来搞，而是要聚四海之气、借八方之力；要深度参与全球科技治理，贡献中国智慧，着力推动构建人类命运共同体。这就告诉我们，走中国特色自主创新道路绝不是自我搞封闭，而是在扩大开放中提升自主创新能力，为创新发展注入强大动力。[2]

[1]《习近平主持召开中央财经领导小组第七次会议时强调 加快实施创新驱动发展战略 加快推动经济发展方式转变》，《人民日报》2014年8月19日。

[2]《习近平在中国科学院第十九次院士大会、中国工程院第十四次院士大会开幕会上发表重要讲话强调 瞄准世界科技前沿引领科技发展方向 抢占先机迎难而上建设世界科技强国》，《人民日报》2018年5月29日。

（一）倡导人类命运共同体意识，为全球视野谋划和推动创新提供思想指引

习近平总书记指出，以科技创新推动可持续发展成为破解各国关心的一些重要全球性问题的必由之路。[1] 要深度参与全球科技治理，贡献中国智慧，着力推动构建人类命运共同体，努力构建合作共赢的伙伴关系，共同应对未来发展、粮食安全、能源安全、人类健康、气候变化等人类共同挑战，在实现自身发展的同时惠及其他更多国家和人民，推动全球范围平衡发展。我们深刻认识到，树立人类命运共同体意识，以全球视野谋划和推动创新，既是我国广泛吸纳全球力量提高我国创新水平的需要，也是携手全球应对共同挑战的需要。

走中国特色自主创新道路，必须持续推进扩大开放、兼容并蓄，在开放创新中提升自己、实现更高层次的自主创新。科学技术是全世界科学家们相互学习、彼此互鉴、接力传递、共同创造的成果。不拒众流，方为江海。特别是经济全球化深入发展，创新资源在世界范围内加快流动，各国经济科技联系更加紧密，任何一个国家都不可能仅仅依靠自己的力量解决所有创新难题。回顾我国科技创新事业发展历程，我们是开放合作的受益者，也是开放合作的大力推动者。新中国成立以来特别是改革开放以来，我们持续深化国际科技合作，不断推进科技创新水平跃上新台阶。

[1]《习近平向首届世界科技与发展论坛致贺信》，《人民日报》2019 年 10 月 17 日。

走中国特色自主创新道路，要以全球视野谋划和推动科技创新，在深化国际合作中实现互利共赢。科学是人类共同的事业，科学技术是世界性的、时代性的，发展科学技术必须具有全球视野。创新资源在世界范围内加速流动，决定了科技创新必须坚持对外开放、加强国际合作。近年来，中国形成了全方位、多层次的国际科技合作新格局，科技创新水平不断跃上新高度。面对新一轮科技革命和产业变革的深度演进，我国尤需进一步以全球视野谋划创新未来，积极融入和主动布局全球创新网络，为全球科技创新治理贡献更大力量。

（二）携手全球应对人类共同挑战，为实现全球可持续发展贡献“中国智慧”

习近平总书记指出，粮食不足、资源短缺、能源紧张、环境污染、气候异常、人口膨胀、贫困、疾病流行、经济危机等诸多全球性难题，对人类生存和发展构成严峻挑战；[1] 发展科学技术是人类应对全球挑战、实现可持续发展的战略选择。[2] 世界发展离不开中国，中国发展也离不开世界，我国在应对人类共同挑战中作出更大贡献、发挥更大作用，既是负责任大国的时代担当，也是解决自身发展问题的需要。

---

[1]《习近平在省部级主要领导干部“学习习近平总书记重要讲话精神，迎接党的十九大”专题研讨班开班式上发表重要讲话强调 高举中国特色社会主义伟大旗帜 为决胜全面小康社会实现中国梦而奋斗》，《人民日报》2017 年 7 月 28 日。
[2]《习近平出席 2014 年国际工程科技大会并发表主旨演讲》，《人民日报》2014 年 6 月 4 日。

中国已经成长为世界科技大国，能够为人类应对共同挑战作出与国力相匹配的更大贡献。在我国解决粮食安全问题中，袁隆平院士团队发明了杂交水稻，促进粮食亩产提升到800公斤以上，不仅为我国解决14亿人口吃饭问题作出了突出贡献，而且推广到印度、孟加拉国、印度尼西亚、巴基斯坦、埃及、马达加斯加、利比里亚等众多国家，使那些地方的水稻产量提高15% ~ 20%，为人类保障粮食安全、减少贫困发挥了重要作用。中国拥有4 200多万人的工程科技人员队伍，规模在全球首屈一指，这是中国开创未来最宝贵的资源，也是为人类应对共同挑战的有生力量，可以为人类共创美好未来作出应有贡献。

以科技创新应对人类共同挑战，是促进全球长期繁荣和可持续发展的重要途径。改革开放以来，我国已经同150多个国家和地区建立了科技合作关系，开展广泛的科技合作和人员交流。我国参与了国际热核聚变实验反应堆计划、平方公里阵列射电望远镜、人类基因组计划等一大批国际大科学计划和工程。比如，我国通过参与国际热核聚变实验反应堆计划，建成了全球第一个全超导非圆截面托卡马克核聚变实验装置，创造了1亿摄氏度等离子体放电近10秒的世界纪录，为国际受控核聚变研究领域作出应有贡献。

（三）大力推进“一带一路”建设，为各国实现合作共赢搭建起新的平台

2013年，习近平主席提出了共建“一带一路”倡议，目的是

聚焦互联互通，深化务实合作，携手应对人类面临的各种风险挑战，实现互利共赢、共同发展。经过各方共同努力，共建“一带一路”蓝图初步绘就，成果逐渐呈现，为沿线国家创新发展注入了强大动力。

“一带一路”建设是伟大的事业，搞好“一带一路”建设要向创新要动力，将“一带一路”建成创新之路。与“一带一路”沿线国家深化创新合作，丰富了中国自主创新道路的内涵，为中国向全球贡献“中国智慧”“中国力量”“中国方案”提供了广阔的舞台。

我国于2015年3月发布《推动数字丝绸之路经济带和21世纪海上丝绸之路的愿景和行动》，与“一带一路”沿线国家共同把握数字化、网络化、智能化发展机遇，共同探索新技术、新业态、新模式，共同加强在数字经济、人工智能、纳米技术、量子计算等前沿领域合作，探寻新的增长动能和发展路径，建设数字丝绸之路、创新丝绸之路。2017年5月，我国启动“一带一路”科技创新行动计划，同各方一道开展科技人文交流、共建联合实验室、科技园区合作、技术转移4项行动，在5年内安排2 500人次青年科学家来华从事短期科研工作，培训5 000人次科学技术和管理人员，投入运行50家联合实验室。

大力推进“一带一路”建设创新合作，为各国通向共同繁荣创造了机遇之路，为全球经济持续健康增长注入了中国动力。

第二章

学习贯彻习近平总书记关于创新发展重要论述的深刻体会

党的十八大以来，以习近平同志为核心的党中央坚定实施创新驱动发展战略，提出创新是引领发展的第一动力，必须把创新摆在国家发展全局的核心位置，不断推进理论创新、制度创新、科技创新、文化创新等各方面创新，让创新贯穿党和国家一切工作，让创新在全社会蔚然成风等一系列重要论述，立意高远，思想深邃，内涵丰富，形成了从思想到战略再到行动的完整体系，从新的发展理念的高度认识创新发展，深刻揭示了创新驱动发展的基本规律，深刻阐明了创新驱动发展的丰富内涵，深刻指明了创新驱动发展的实施路径，对我国建设世界科技强国、强化创新对现代化经济体系的战略支撑具有重大意义。

第一节

坚持推进以科技创新为核心的全面创新

抓创新就是抓发展，谋创新就是谋未来。在国际竞争日趋激烈和我国发展动力转换的形势下，必须把发展基点放在创新上，必须推进以科技创新为核心的全面创新，形成促进创新的体制架构，使创新成果加快转化为现实生产力，塑造更多依靠创新驱动、更多发挥先发优势的引领型发展。

一、紧紧抓住科技创新这个核心

创新是多方面的，包括理论创新、体制创新、制度创新、人才创新等，但科技创新地位和作用十分显要。实施创新驱动发展战略，必须紧紧抓住科技创新这个“牛鼻子”，切实营造实施创新驱动发展战略的体制机制和良好环境，加快形成我国发展新动力源。

（一）关键核心技术是要不来、买不来、讨不来的

关键核心技术是国之重器，对推动我国经济高质量发展、保障国家安全都具有十分重要的意义。我国发展到现在这个阶段，不仅从别人那里拿到关键核心技术不可能，就是想拿到一般的高技术也是很难的，立足点要放在自主创新上。

要充分发挥社会主义制度能够集中力量办大事的优势，充分发挥社会主义市场经济的独特作用，充分发挥科学家和企业家的创新主体作用，以国家实验室、重大项目、政府基金等为抓手，把国家主导的科研创新体系与企业主导的以市场竞争为主的科研创新体系相结合，形成关键核心技术攻坚体制。要聚焦国家需求，统筹整合力量，发挥国内市场优势，强化规划引领，形成更有针对性科技创新的系统布局和科技创新平台的系统安排。

突破关键核心技术，必须大力深化体制机制改革。要加快转变政府职能，改革重大科技项目立项和组织实施方式，强化成果导向，精简科研项目管理流程，给予科研单位和科研人员更多自主权。要改革科研绩效评价机制，建立科学分类、合理多元的评价体系，改革国家科技奖励制度。要加强软硬基础设施建设，完善科研平台开放制度，完善国家科技资源库，培育一批尖端科学仪器制造企业，加强知识产权保护和产权激励。

突破关键核心技术，关键在于有效发挥人的积极性。要教育引

导广大科技工作者强化责任意识，弘扬科学精神，坚定自信，潜心研究，努力作出更多有价值的原创性成果。要通过关键核心技术攻关培养优秀人才，既要培养优秀的带头人，也要有好的团队。要发挥年轻科学家作用，使优秀青年人才在突破关键核心技术中脱颖而出。要加强科技领域干部队伍建设，培养一大批能够把党和国家科技政策贯彻落实好的组织型人才，成为领导科技工作的行家里手和科研人员的知心人。要广泛开展科学普及活动，形成热爱科学、崇尚科学的社会氛围，提高全民族科学素质。

科技布局上既要注重全面布局，也要讲究重点突破、非对称发展，坚持有所为有所不为的方针，形成聚焦重点任务配置资源、集成攻关的新体制。从更长远的战略需求出发，部署一批体现国家战略意图的重大科技项目。已经部署的项目和新部署的项目要形成梯次接续的系统布局，发挥市场经济条件下新型举国体制优势，集中力量、协同攻关。

（二）基础研究是整个科学体系的源头

强大的基础科学研究是建设世界科技强国的基石。基础研究是整个科学体系的源头，是所有技术问题的总机关，是武器装备发展的原动力。只有重视基础研究，才能永远保持自主创新能力。要瞄准世界科技前沿，抓住大趋势，下好“先手棋”，打好基础、储备长远，甘于坐冷板凳，勇于做栽树人、挖井人，实现前瞻性基础研究、引领性原创成果重大突破，夯实世界科技强国的根基。

抓基础研究，要遵循科学规律、坚持分类指导。要尊重科学研究灵感瞬间性、方式随意性、路径不确定性的特点，允许科学家自由畅想、大胆假设、认真求证。很多科学研究要着眼长远，不能急功近利，欲速则不达。要让领衔科技专家有职有权，有更大的技术路线决策权、更大的经费支配权、更大的资源调动权。要推动自由探索和目标导向相结合，自由探索类基础研究聚焦探索未知的科学问题，勇攀科学高峰；目标导向类基础研究紧密结合经济社会发展需求，加强战略领域前瞻部署。

抓基础研究，要突出原始创新、独创独有。要坚定敢为天下先的志向，在独创独有上下功夫，勇于挑战最前沿的科学问题，提出更多原创理论，作出更多原创发现。要把基础前沿、关键共性、社会公益和战略高技术研究作为重大基础工程来抓，实施好国家重大科学计划和科学工程，加快在国际科学前沿领域抢占制高点。要高度重视原始性专业基础理论突破，加强科学基础设施建设，保证基础性、系统性、前沿性技术研究和技术研发持续推进，强化自主创新成果的源头供给。

抓基础研究，要坚持应用研究带动基础研究。坚持需求牵引，促进基础研究、应用研究与产业化对接融通，推动不同行业和领域创新要素有效对接。要加大应用基础研究力度，以推动重大科技项目为抓手，打通“最后一公里”，拆除阻碍产业化的“篱笆墙”，疏通应用基础研究和产业化连接的快车道，促进创新链和产业链精准对接，加快科研成果从样品到产品再到商品的转化，把科技成果充分应用到现代化事业中去。要创新政府管理方式，引导企业加强基础研究，提升市场竞争力。

（三）发展科学技术必须具有全球视野

科学技术是世界性的、时代性的，发展科学技术必须具有全球视野。不拒众流，方为江海。自主创新是开放环境下的创新，绝不能关起门来搞，而是要聚四海之气、借八方之力。要深化国际科技交流合作，在更高起点上推进自主创新，主动布局和积极利用国际创新资源，努力构建合作共赢的伙伴关系，共同应对未来发展、粮食安全、能源安全、人类健康、气候变化等人类共同挑战，在实现自身发展的同时惠及其他更多国家和人民，推动全球范围平衡发展。

具有全球视野，就要深度参与全球科技治理。要全方位加强国际科技创新合作，积极主动融入全球科技创新网络，提高国家科技计划对外开放水平，积极参与和主导国际大科学计划和工程，鼓励我国科学家发起和组织国际科技合作计划。要把“一带一路”建成创新之路，合作建设面向沿线国家的科技创新联盟和科技创新基地，为各国共同发展创造机遇和平台。要最大限度用好全球创新资源，全面提升我国在全球创新格局中的位势，提高我国在全球科技治理中的影响力和规则制定能力。

具有全球视野，就要共建开放创新的世界经济。创新发展是引领世界经济持续发展的必然选择。当前，新一轮科技革命和产业变革正处在实现重大突破的历史关口。各国应该加强创新合作，推动科技同经济深度融合，加强创新成果共享，努力打破制约知识、技术、人才等创新要素流动的壁垒，支持企业自主开展技术交流合作，让创新源泉充分涌流。为了更好运用知识的创造以造福人类，各国应该共同加强知识产权保护，而不是搞知识封锁，制造甚至扩大科技鸿沟。

二、向深化改革要动力

科技领域是最需要不断改革的领域。要深化科技体制改革，破除一切制约科技创新的思想障碍和制度藩篱，处理好政府和市场的关系，推动科技和经济社会发展深度融合，打通从科技强到产业强、经济强、国家强的通道，以改革释放创新活力，加快建立健全国家创新体系，让一切创新源泉充分涌流。

（一）打通科技和经济社会发展之间的通道

实施创新驱动发展战略，最根本的是要增强自主创新能力，最紧迫的是要破除体制机制障碍，最大限度解放和激发科技作为第一生产力所蕴藏的巨大潜能。多年来，我国一直存在着科技成果向现实生产力转化不力、不顺、不畅的痼疾，其中一个重要症结就在于科技创新链条上存在着诸多体制机制关卡，创新和转化各个环节衔接不够紧密。如果把科技创新比作我国发展的新引擎，那么改革就是点燃这个新引擎必不可少的点火系。我们要采取更加有效的措施完善点火系，把创新驱动的新引擎全速发动起来，推动科技和经济社会发展深度融合。

打通通道，要强化企业成果转化的主体地位。要提高普惠性财税政策支持力度，坚持结构性减税方向，逐步将国家对企业技术创新的投入方式转变为以普惠性财税政策为主。要完善企业研发费用计核方法，调整目录管理方式，扩大研发费用加计扣除优惠政策适用范围。要健全优先使用创新产品的采购政策，建立健全符合国际规则的支持采购创新产品和服务的政策体系，落实和完善政府采购促进中小企业创新发展的相关措施，加大创新产品和服务的采购力度。

打通通道，要激发科技人员转化成果的积极性。要发挥市场在资源配置中的决定性作用，让机构、人才、装置、资金、项目都充分活跃起来，形成推动科技创新强大合力。要提高骨干团队、主要发明人受益比例；探索职务科技成果权属混合所有制改革，让发明人拥有成果所有权。要实行以增加知识价值为导向的分配政策，坚持长期产权激励与现金奖励并举，探索对科技人员实施股权、期权和分红权激励，加大在专利权、著作权、植物新品种权、集成电路布图设计专有权等知识产权及科技成果转化形成的股权、岗位分红权等方面的激励力度。

打通通道，要实行严格的知识产权保护制度。要全面完善知识产权保护法律体系，大力加强执法，加强对知识产权人合法权益的保护，杜绝强制技术转让，完善商业秘密保护。要把知识产权违法成本显著提上去，把法律威慑作用充分发挥出来，依法惩治侵犯知识产权和科技成果的违法犯罪行为，让侵权者付出沉重代价。

（二）营造激励创新的公平竞争环境

创新从来都是九死一生。创新走的是别人没有走过的路，做的是前人没有做过的事，难免荆棘丛生、困难重重。必须建立与创新付出相适应的回报机制，建立公平竞争、优胜劣汰的市场环境，才能激发创新者的内生动力。要营造有利于大众创业、市场主体创新的政策环境。

营造公平竞争环境，要发挥市场竞争激励创新的根本性作用。要深入实施《优化营商环境条例》，营造公平、开放、透明的市场环境，强化竞争政策和产业政策对创新的引导，促进优胜劣汰，增强市场主体创新动力。要打破制约创新的行业垄断和市场分割，加快推进垄断性行业改革，放开自然垄断行业竞争性业务，建立鼓励创新的统一透明、有序规范的市场环境。要改进新技术新产品新商业模式的准入管理，破除不合理准入障碍。

营造公平竞争环境，要加快转变政府职能。要处理好政府和市场关系，该放给市场和社会的权一定要放足、放到位，该政府管的事一定要管好、管到位。要深化行政审批制度改革，推进简政放权，深化权力清单、责任清单管理，同时要强化事中事后监管，凡是市场能自主调节的就让市场来调节，凡是企业能干的就让企业干。

营造公平竞争环境，要健全产业技术政策和管理制度。要改革产业监管制度，形成有利于转型升级、鼓励创新的产业政策导向。要强化产业技术政策的引导和监督作用，形成统一权威、公开透明的市场准入标准体系。要健全技术标准体系，强化强制性标准的制定和实施。要加强产业技术政策、标准执行的过程监管。强化环保、质检、工商、安全监管等部门的行政执法联动机制。要建立创新倒逼机制，灵活运用和适时调整环境、节能、节地、节水、节材、质量和安全指标及相关标准，强化强制性标准的制定和实施，倒逼地方、企业加大创新力度。

（三）改革科技评价制度

科技评价是创新活动的“指挥棒”，是决定创新速度、质量、效率的“红绿灯”。长久以来，不合理的科研评价体系，一直被科技界所诟病。充分激发科技人员的创新动力和活力，必须改革科技评价制度，建立以科技创新质量、贡献、绩效为导向的分类评价体系，正确评价科技创新成果的科学价值、技术价值、经济价值、社会价值、文化价值。

改革科技评价制度，要改进科技人才评价。要建立健全以创新能力、质量、贡献为导向的科技人才评价体系，形成并实施有利于科技人才潜心研究和创新的评价制度。要改变以静态评价结果给人才贴上“永久牌”标签的做法，改变片面将论文、专利、资金数量作为人才评价标准的做法，不能让繁文缛节把科学家的手脚捆死，不能让无穷的报表和审批把科学家的精力耽误，让优秀科技创新人才得到合理回报，释放各类人才创新活力。要注重个人评价和团队评价相结合，尊重和认可团队所有参与者的实际贡献。要统筹科技人才计划，科学设立人才评价指标，树立正确的人才评价使用导向，强化用人单位人才评价主体地位，加大对优秀人才和团队的稳定支持力度。

改革科技评价制度，要改进科研项目评价。要完善项目指南编制和发布机制，采取有效方式充分吸收相关部门、行业、地方以及产业界、科技社团、社会公众共同参与。要建立公正、科学、明确的项目评审工作规则，按照不同立项方式，采取相应的评审程序和方法。要完善评审专家选取使用，进一步推动建设集中统一、标准规范、安全可靠、开放共享的国家科技专家库。要加强国家科技计划绩效评估，提高科技计划的实施效果和财政资金使用效率。

改革科技评价制度，要改进科研机构评价。要推动中央级科研事业单位制定实施章程，确立章程在单位管理运行中的基础性制度地位。要落实法人自主权，加快推进政事分开、管办分离，赋予科研事业单位充分的自主权。要建立中长期绩效评价制度，根据科研机构从事的科研活动类型，分类建立相应的评价指标和评价方式，避免简单以高层次人才数量评价科研事业单位。要完善国家科技创新基地评价考核体系，根据各类基地功能定位、任务目标、运行机制等不同特点，确定合理的评价方式和标准。

三、让创新在全社会蔚然成风

崇尚创新，国家才有光明前景，社会才有蓬勃活力。创新是全民参与、全民推动的宏伟事业。要强化创新的法治保障，营造良好创新生态，加速形成人人崇尚创新、人人希望创新、人人皆可创新的社会氛围，使创新成为全社会的一种价值取向、一种生活方式、一种时代气息。

（一）调动广大科技人员的积极性

强化尊重知识、尊重创新，要用精神激励来调动广大科技人员的积极性。要用事业激发科技人员的创新勇气和毅力，用荣誉引导科技人员的创新梦想和追求。

调动广大科技人员的积极性，要强化精神激励。要改革完善国家科技奖励制度，坚持公开提名、科学评议、公正透明、诚实守信、质量优先、突出功绩、宁缺毋滥，进一步增强奖励的学术性、突出导向性、提升权威性、提高公信力、彰显荣誉性。要改革完善院士制度，突出学术导向，减少不必要的干预，改进和完善院士遴选机制、学科布局、年龄结构、兼职和待遇、退休退出制度等。

调动广大科技人员的积极性，要用好院士制度。坚守院士称号学术性、荣誉性的本质，传播真理、传播真知，崇德向善、见贤思齐，言为士则、行为世范，提携后学、甘当人梯，在全社会树立良好道德风尚。要发挥院士制度凝才聚智的导向性作用，不拘一格降人才，使院士制度成为引导我国科技创新人才健康成长的强大正能量。

调动广大科技人员的积极性，要增强领导和推动科技创新的本领。各级领导干部要加强学习和实践，提高科学素养，既当好领导，又成为专家，不断增强领导和推动科技创新的本领。要尊重科研规律，尊重科研管理规律，尊重科研人员意见，为科技工作者创造良好环境，服务好科技创新。

（二）激发全社会的创新创业活力

习近平总书记指出，创新是社会进步的灵魂，创业是推进经济社会发展、改善民生的重要途径。[1] 创新和创业相连一体、共生共存。要不断增强我国在世界大变局中的影响力、竞争力，要最大限度释放全社会创新创业创造动能，要让创新血液在全社会自由流动，为千千万万创业者提供支撑，给创造活动拓展更广阔空间，特别是要为中小企业、年轻人发展提供有利条件。

激发全社会的创新创业活力，要健全创新创业服务体系。建设和完善创新创业载体，发展创客经济，形成大众创业、万众创新的

[1]《习近平致 2013 年全球创业周中国站活动组委会的贺信》，《人民日报》2013 年 11 月 9 日。

生动局面。要依托移动互联网、大数据、云计算等现代信息技术，发展新型创业服务模式，建立一批低成本、便利化、开放式众创空间和虚拟创新社区，建设多种形式的孵化机构，构建“孵化+创投”的创业模式，为创业者提供工作空间、网络空间、社交空间、共享空间，降低大众参与创新创业的成本和门槛。要引导社会资本参与建设面向小微企业的社会化技术创新公共服务平台，推动小微企业向“专精特新”发展。

激发全社会的创新活力，要营造崇尚创新的文化。要大力宣传广大科技工作者爱国奉献、勇攀高峰的感人事迹和崇高精神，在全社会形成鼓励创造、追求卓越的创新文化，推动创新成为民族精神的重要内涵。要倡导百家争鸣、尊重科学家个性的学术文化，增强敢为人先、勇于冒尖、大胆质疑的创新自信。要通过社会体制改革创新，充分调动各方面积极性，最大限度增强社会发展活力，充分发挥人民群众首创精神，使全社会创造能量充分释放，创业活动蓬勃开展。要重视科研试错探索价值，建立鼓励创新、宽容失败的容错纠错机制。要营造宽松的科研氛围，保障科技人员的学术自由。

激发全社会的创新活力，要强化大众的创新意识，发扬劳动创造精神和创业精神。要加强科学技术普及，提高全民科学素养，在全社会塑造科学理性精神。青年学生富有想象力和创造力，是创新创业的有生力量。要加强科学教育，丰富科学教育教学内容和形式，激发青少年的科技兴趣。要推动创客文化进学校，设立创新创业课程，开展品牌性创客活动，鼓励学生动手、实践、创业，在创新创业中增长智慧才干。要支持企业员工参与工艺改进和产品设计，鼓励一切有益的微创新、微创业和小发明、小改进，将奇思妙想、创新创意转化为实实在在的创业活动。

（三）加强科研诚信建设

科研诚信是科技创新的基石。要坚持预防和惩治并举，坚持自律和监督并重，坚持无禁区、全覆盖、零容忍，推进科研诚信建设制度化，严肃查处违背科研诚信要求的行为，营造诚实守信、追求真理、崇尚创新、鼓励探索、勇攀高峰的良好科研氛围。

加强科研诚信建设，要完善科研诚信管理工作机制和责任体系。建立健全职责明确、高效协同的科研诚信管理体系。从事科研活动及参与科技管理服务的各类机构要切实履行科研诚信建设的主体责任。学会、协会、研究会等社会团体要发挥自律自净功能。从事科研活动和参与科技管理服务的各类人员要坚守底线、严格自律。

加强科研诚信建设，要加强科研活动全流程诚信管理。加强科技计划全过程的科研诚信管理。全面实施科研诚信承诺制，在科技计划项目、创新基地、院士增选、科技奖励、重大人才工程等工作中实施科研诚信承诺制度。强化科研诚信审核，对严重违背科研诚信要求的责任者，实行“一票否决”。建立健全学术论文等科研成果管理制度。逐步深化科研评价制度改革。

加强科研诚信建设，要进一步推进科研诚信制度化建设。完善科研诚信管理制度。完善违背科研诚信要求行为的调查处理机制。健全学术期刊管理和预警制度。

第二节

坚持提升国家创新体系的整体效能

坚持建设世界科技强国的奋斗目标，健全国家创新体系，强化建设世界科技强国对建设社会主义现代化强国的战略支撑，掌握全球科技竞争先机，在前沿领域乘势而上、奋勇争先，在更高层次、更大范围发挥科技创新的引领作用。优化和强化技术创新体系顶层设计，明确企业、高校、科研院所创新主体在创新链不同环节的功能定位，强化国家战略科技力量，加快转变政府科技管理职能，激发各类主体创新激情和活力，提升国家创新体系整体效能。

一、强化企业创新主体地位

企业是科技和经济紧密结合的重要力量，应该成为技术创新决策、研发投入、科研组织、成果转化的主体。要通过深化改革，建立以企业为主体、市场为导向、产学研深度融合的技术创新体系，支持大中小企业和各类主体融通创新，创新促进科技成果转化机制，让企业真正成为创新的主体。

（一）培育更多具有自主知识产权和核心竞争力的创新型企业

着眼国家战略需求，全面推进体制机制创新，提高资源配置效率效能，推动资源向优质企业和产品集中，主动承接国家重大科技项目，引进国内外顶尖科技人才，培育更多具有自主知识产权和核心竞争力的创新型企业。

培育创新型企业，要扩大企业的话语权。要完善国家科技决策咨询制度，建立高层次、常态化的企业技术创新对话、咨询制度，发挥企业和企业家在国家创新决策中的重要作用。要吸收更多企业参与研究制定国家技术创新规划、计划、政策和标准，竞争类产业技术创新的研发方向、技术路线和要素配置模式由企业依据市场需求自主决策。

培育创新型企业，要强化企业在产学研合作中的关键作用。支持行业骨干企业与科研院所、高等学校合作，建立联合开发、优势互补、成果共享、风险共担的产学研用合作机制。支持企业牵头组建产业技术创新战略联盟，承担产业技术研发创新重大项目，制定技术标准，编制产业技术路线图，构建联盟技术研发、专利共享和成果转化推广的平台及机制。

培育创新型企业，要引导企业加强创新能力建设。引导企业围绕市场需求和长远发展，建立研发机构，健全组织技术研发、产品创新、科技成果转化的机制，大幅度提高大中型工业企业建立研发机构的比例。在明确定位和标准的基础上，引导行业骨干企业建设国家企业技术中心、国家重点实验室，牵头组建国家产业创新中心、国家工程研究中心，提高关键核心技术和产业共性技术开发能力。

培育创新型企业，充分发挥国有企业的独特优势。国有企业特别是中央所属国有企业，一定要加强自主创新能力，牢牢抓住创新这个关键要素，转变发展理念，调整战略布局，优化管理架构，形成新的商业模式和重要战略性资产，真正转型为科学技术驱动的创新型领军企业，实现创新发展和新旧动能转换。

（二）培育一批创新型中小企业

打造具有战略性和全局性的产业链，围绕“巩固、增强、提升、畅通”八字方针，支持上下游企业加强产业协同和技术合作攻关，建立共性技术平台，解决跨行业、跨领域的关键共性技术问题，发挥企业家精神和工匠精神，培育一批“专精特新”中小企业。

培育创新型中小企业，要着力营造良好的创新发展环境。进一步放宽市场准入，坚决破除各种不合理门槛和限制，在市场准入、审批许可、招标投标等方面打造公平竞争环境，提供充足市场空间。主动服务中小企业，进一步深化中小企业的“放管服”改革，继续推进商事制度改革，推进环评制度改革，落实好公平竞争审查制度，营造公平、开放、透明的市场环境。实行公平统一的市场监管制度。创新监管方式，寓监管于服务之中，深入推进反垄断、反不正当竞争执法，保障中小企业公平参与市场竞争。

培育创新型中小企业，要破解融资难融资贵问题。完善中小企业融资政策，进一步落实普惠金融定向降准政策，加大再贴现对小微企业支持力度。积极拓宽融资渠道，进一步完善债券发行机制，探索实施民营企业股权融资支持工具，研究促进中小企业依托应收账款、供应链金融、特许经营权等进行融资，完善知识产权质押融资风险分担补偿机制。支持利用资本市场直接融资，加快中小企业首发上市进度，为主业突出、规范运作的中小企业上市提供便利，落实创业投资基金股份减持比例与投资期限的反向挂钩制度，鼓励地方知识产权运营基金等专业化基金服务中小企业创新发展。

培育创新型中小企业，要完善财税支持政策。改进财税对小微企业融资的支持，落实对小微企业融资担保降费奖补政策，中央财政安排奖补资金，引导地方支持扩大实体经济领域小微企业融资担保业务规模，降低融资担保成本。减轻中小企业税费负担，对小微企业、科技型初创企业实施普惠性税收减免。完善政府采购中小企业的政策，在政府采购活动中，向“专精特新”中小企业倾斜。

培育创新型中小企业，要提升创新发展能力。完善创新创业环境，通过国家科技计划加大对中小企业科技创新的支持力度，大幅提高中小企业承担研发任务的比例，鼓励大型企业向中小企业开放共享资源，围绕创新链、产业链打造大中小企业协同发展的创新网络。要保护中小企业创新研发成果，助推中小企业技术研发布局。引导中小企业专精特新发展，以“专精特新”中小企业为基础，在核心基础零部件（元器件）、关键基础材料、先进基础工艺和产业技术基础等领域，培育一批主营业务突出、竞争力强、成长性好的专精特新“小巨人”企业。

二、优化科研院所和研究型大学科研布局

科研院所和研究型大学是我国科技发展的主要基础所在，也是科技创新人才的摇篮。加强国家创新体系建设，实现前瞻性基础研究、引领性原创成果重大突破，强化战略科技力量，优化科研院所和研究型大学科研布局。

（一）在重大创新领域组建一批国家实验室

我国同发达国家的科技经济实力差距主要体现在创新能力上。提高创新能力，必须夯实自主创新的物质技术基础，加快建设以国家实验室为引领的创新基础平台。

在重大创新领域组建一批国家实验室。当前，我国科技创新已

步入以跟踪为主转向跟踪和并跑、领跑并存的新阶段，急需以国家目标和战略需求为导向，瞄准国际科技前沿，布局一批体量更大、学科交叉融合、综合集成的国家实验室，优化配置人财物资源，打造聚集国内外一流人才的高地，组织具有重大引领作用的协同攻关，形成代表国家水平、国际同行认可、在国际上拥有话语权的科技创新实力，抢占国际科技制高点。

以国家实验室建设为抓手，强化国家战略科技力量。在明确国家目标和紧迫战略需求的重大领域，在有望引领未来发展的战略制高点，以重大科技任务攻关和国家大型科技基础设施为主线，依托最有优势的创新单元，整合全国创新资源，建立目标导向、绩效管理、协同攻关、开放共享的新型运行机制，成为攻坚克难、引领发展的战略科技力量，同其他各类科研机构、大学、企业研发机构形成功能互补、良性互动的协同创新新格局。

（二）推动科研院所分类改革

按照遵循规律、强化激励、合理分工、分类改革的总体要求，继续深化科研院所改革。科研院所要根据世界科技发展态势，优化自身科技布局，厚实学科基础，培育新兴交叉学科生长点，重点加强共性、公益、可持续发展相关研究，增加公共科技供给。

对承担国家基础研究、前沿技术研究、社会公益技术研究的科研院所，要以增强原始创新能力为目标，尊重科学、技术、工程各自运行规律，扩大院所自主权，扩大个人科研选题选择权。

对已经转制的科研院所，要以增强共性技术研发能力为目标，进一步实行精细化的分类改革，实行一院一策、一所一策，有些要公益为主、市场为辅，形成产业技术研发集团；有些要进一步市场化，实现混合所有制，建立产业技术联盟；有些要考虑回归公益，改组成国家重点实验室，承担国家任务。

要加强科研院所和高校合作，使目标导向研究和自由探索相互衔接、优势互补，形成教研相长、协同育人新模式，打牢我国科技创新的科学和人才基础。

（三）加快一流大学和一流学科建设

要全面贯彻党的教育方针，遵循教育规律，以立德树人为根本，以中国特色为统领，以支撑创新驱动发展战略、服务经济社会为导向，推动一批高水平大学和学科进入世界一流行列或前列，提升我国高等教育综合实力和国际竞争力，培养一流人才，产出一流成果。要引导和支持高等院校优化学科结构，凝练学科发展方向，突出学科建设重点，通过体制机制改革激发高校内生动力和活力。

深化教育体制改革，要健全立德树人落实机制，扭转不科学的教育评价导向，坚决克服唯分数、唯升学、唯文凭、唯论文、唯帽子的顽瘴痼疾，从根本上解决教育评价指挥棒问题。要提升教育服务经济社会发展能力，调整优化高校区域布局、学科结构、专业设置，建立健全学科专业动态调整机制，加快一流大学和一流学科建设，推进产学研协同创新，积极投身实施创新驱动发展战略，着重培养创新型、复合型、应用型人才。要扩大教育开放，同世界一流资源开展高水平合作办学。注重培养学生创新精神，全面提高高校基础研究能力。

深化教育体制改革，要加快一流大学和一流学科建设，实现高等教育内涵式发展。要引导大学加强基础研究和追求学术卓越，组建跨学科、综合交叉的科研团队，形成一批优势学科集群和高水平科技创新基地，建立创新能力评估基础上的绩效拨款制度，系统提升人才培养、学科建设、科技研发三位一体创新水平。研究型大学要加强学科建设，重点开展自由探索的基础研究。更加重视、充分发挥高校在强化基础研究和原始创新、突破关键核心技术中的重要作用。

三、打造创新高地

围绕京津冀协同发展、长三角一体化发展、粤港澳大湾区建设、成渝地区双城经济圈建设等重大区域发展战略实施，尊重科技创新的区域集聚规律，因地制宜探索差异化的创新发展路径，加快打造具有全球影响力的科技创新中心，建设若干具有强大带动力的创新型城市和区域创新中心。

（一）北京建设全国科技创新中心

2014 年 2 月 26 日，习近平总书记在北京视察工作时，明确将全国科技创新中心作为首都核心功能之一。2017年2月24日，习近平总书记再次视察北京，强调要以建设具有全球影响力的科技创新中心为引领，抓好“三城一区”建设，深化科技体制改革，打造北京经济发展新高地。

支持北京建设全国科技创新中心，是习近平总书记着眼国家发展大局作出的重大战略部署。北京要坚持和强化首都全国政治中心、文化中心、国际交往中心、科技创新中心的核心功能，深入实施人文北京、科技北京、绿色北京战略，努力把北京建设成为国际一流的和谐宜居之都。首都建设要始终围绕“四个中心”城市战略定位，靠创新发展，通过舍弃“白菜帮子”、精选“菜心”，调整经济结构。北京的发展要着眼于可持续，在转变动力、创新模式、提升水平上下功夫，发挥科技和人才优势，努力打造发展新高地。

北京建设全国科技创新中心是一项系统性工程。要坚持面向未来谋篇布局，统筹用好各方面科技创新资源，高水平谋划和推进科技创新中心建设。要坚持面向全国协同创新，形成建设合力，构建上下衔接、相互配套的政策体系，促进创新要素有序流动。要坚持面向全球开放合作，深度参与、积极融入全球科技创新进程。要统筹做好中关村科学城、怀柔科学城和未来科技城的特色定位和差异化发展，将怀柔综合性国家科学中心作为北京建设全国科技创新中心建设的重要支撑，建设好重大科技基础设施，超前部署基础研究、应用研究和前沿技术研究，打造有世界影响的原始创新策源地。要发挥引领作用，加快构建京津冀协同创新共同体，实现科技资源互联共享。

（二）上海建设具有全球影响力的科技创新中心

2014 年 5 月，习近平总书记在上海调研期间，要求上海加快向具有全球影响力的科技创新中心进军。2015—2017 年“两会”期间，习近平总书记连续三年对上海科技创新中心建设作出重要指示。2017 年 11 月 6 日，习近平总书记到张江综合性国家科学中心视察，对抓好科技创新中心建设提出了明确要求。

上海建设具有全球影响力的科技创新中心是国家战略。上海建设具有全球影响力的科技创新中心，既是党中央对上海的要求，也是上海实施创新驱动发展战略的重要载体，一定要抓住时机，力争在基础科技领域作出大的创新、在关键核心技术领域取得大的突破。上海要继续当好全国改革开放排头兵、创新发展先行者，抓好科技创新中心建设，不断走在全国前列，为把我国建设成为世界科技强国作出贡献。要坚持自主创新、重点跨越、支撑发展、引领未来的方针，以全球视野谋划和推动创新，改善人才发展环境，努力实现优势领域、关键技术的重大突破，尽快形成一批带动产业发展的核心技术。

上海建设具有全球影响力的科技创新中心，要在科技创新方面走在世界前列。要以全球视野、国际标准推进张江综合性国家科学中心建设，集聚建设国际先进水平的实验室、科研院所、研发机构、研究型大学，加快建立世界一流的重大科技基础设施集群，提升集中度和显示度，迅速做实做强、做出影响。要瞄准世界科技前沿，加强科技创新前瞻布局，聚焦关键领域，集合精锐力量，尽早取得重大突破，使创新成为高质量发展的强大动能。要加强基础研究和应用基础研究，提升原始创新能力，注重发挥企业主体作用，加强知识产权保护，尊重创新人才，释放创新活力，培育壮大新兴产业和创新型企业，加快科技成果转化，提升创新体系整体效能。

（三）粤港澳大湾区共同打造国际科技创新中心

2017 年 7 月 1 日，习近平总书记在庆祝香港回归祖国 20 周年大会暨香港特区第五届政府就职典礼上，见证了粤港澳三地、国家发展改革委共同签署《深化粤港澳合作推进大湾区建设框架协议》，明确支持粤港澳大湾区共同打造国际科技创新中心。

建设粤港澳大湾区国际科技创新中心，要大力推动科技成果转化为现实生产力。广东是改革开放的排头兵、先行地、实验区，在我国改革开放和社会主义现代化建设大局中具有十分重要的地位和作用。发展是第一要务，人才是第一资源，创新是第一动力。如果不走创新驱动的道路，新旧动能不能够顺利转换，中国就不可能真正强大起来。广东要全面推进体制机制创新，提高资源配置效率效能，推动资源向优质企业和产品集中，推动创新要素自由流动和聚集，使创新成为高质量发展的强大动能，以优质的制度供给、服务供给、要素供给和完备的市场体系，增强发展环境的吸引力和竞争力，提高绿色发展水平。

建设粤港澳大湾区国际科技创新中心，要服务于经济高质量发展。建设现代化经济体系，事关我们能否引领世界科技革命和产业变革潮流、赢得国际竞争的主动，事关我们能否顺利实现“两个一百年”奋斗目标。要更加重视发展实体经济，把新一代信息技术、高端装备制造、绿色低碳、生物医药、数字经济、新材料、海洋经济等战略性新兴产业发展作为重中之重，构筑产业体系新支柱。要以壮士断腕的勇气，果断淘汰那些高污染、高排放的产业和企业，为新兴产业发展腾出空间。科技创新是建设现代化产业体系的战略支撑，要着眼国家战略需求，主动承接国家重大科技项目，引进国内外顶尖科技人才，加强对中小企业创新支持，培育更多具有自主知识产权和核心竞争力的创新型企业。

（四）成渝地区建设具有全国影响力的科技创新中心

2020 年 1 月 3 日，习近平总书记主持召开中央财经委员会第六次会议并发表重要讲话，强调要推动成渝地区双城经济圈建设，在西部形成高质量发展的重要增长极。要尊重客观规律，发挥比较优势，推动成渝地区统筹发展，促进产业、人口及各类生产要素合理流动和高效集聚，强化重庆和成都的中心城市带动作用，使成渝地区成为具有全国影响力的重要经济中心、科技创新中心、改革开放新高地、高品质生活宜居地，助推高质量发展。

第三节

坚持培育壮大战略性新兴产业

不断激发增长动力和市场活力，加大重要领域和关键环节改革力度，让市场在资源配置中起决定性作用，牵住创新这个“牛鼻子”，推进创新驱动发展战略，推动战略性新兴产业发展，促进新动能发展壮大、传统动能焕发生机。

一、创新是战略性新兴产业发展的核心

必须牢固树立创新发展理念，推动新技术、新产业、新业态蓬勃发展，要从生产端入手，重点是促进产业优化重组，降低企业成本，发展战略性新兴产业，增加公共产品和服务供给，着力提高供给体系质量和效益，更好满足人民需要，推动我国社会生产力水平

实现整体跃升，增强经济持续增长动力。

（一）依靠创新培育新动能

创新必须落实到创造新的增长点上，把创新成果变成实实在在的产业活动。战略性新兴产业代表新时代产业变革方向，是引领创新发展、培育国家竞争优势的关键。将全面深入推进创新作为驱动战略性新兴产业可持续发展的核心动力，夯实产业发展基础条件，充分发挥已有优势，推动重点领域关键核心技术实现突破。立足产业基础与未来需求，提升产业科技创新水平和能力。对接关键核心技术供给，对接生产技术需求和未来市场应用，前瞻布局空天海洋、信息网络、生命健康和新能源等领域未来核心关键技术。

坚持创新驱动发展，重点围绕科技产业融合、数字实体融合、制造服务融合，培育壮大新动能实现高质量发展。推动产业数字化转型和智能化升级，推进消费互联网与工业互联网协同发展，完善新型基础设施建设，加快发展数字经济，释放大规模“数字红利”，打造高质量发展的新引擎。适应创新形态转变，加强前沿性基础研究和需求导向型应用研究，提升研产用协同创新发展，创造良好产业生态，鼓励新产品、新服务、新业态创新发展。

（二）依靠创新加快构建产业新体系

要以重大科技创新为引领，加快科技创新成果向现实生产力转化，加快构建产业新体系。以供给侧结构性改革为主线，推动经济发展质量变革、效率变革、动力变革，提高全要素生产率，着力加快建设实体经济、科技创新、现代金融、人力资源协同发展的产业体系，着力构建市场机制有效、微观主体有活力、宏观调控有度的经济体制，不断增强经济创新力和竞争力。

要更加重视发展实体经济，把战略性新兴产业发展作为重中之重，构筑产业体系新支柱。进一步发展壮大新一代信息技术、生物、高端装备等战略性新兴产业，聚焦关键核心技术突破，着力实现技术自主可控，完善新技术、新产品、新业态、新模式的发展环境，加强产业链协同，加速建立基础坚实、创新活跃、开放协作、绿色安全的产业生态体系，加速释放战略性新兴产业融合发展潜能。

通过补短板、挖潜力、增优势，促进资源要素高效流动和资源优化配置，推动产业链再造和价值链提升，满足有效需求和潜在需求，改善市场发展预期，提振实体经济发展信心。大力支持战略性新兴产业加快发展，鼓励支持传统制造业转型升级和高端制造业创新发展，助力构建多元化经济体系。要加强传统制造业技术改造，促进全球价值链“微笑曲线”向“两端延伸”“中部抬起”，加快加工组装和低端制造环节的智能化、绿色化升级，形成技术创新、制造组装、品牌提升三足鼎立的态势。要加大创新投入，为产业多元化发展提供新动力，善于扬长补短，发展新技术、新业态、新模式，培育健康养老、旅游休闲、文化娱乐等新增长点。

二、市场需求是拉动战略性新兴产业发展壮大的关键

面向未来，要把满足国内需求作为发展的出发点和落脚点，加快构建完整的内需体系，大力推进科技创新及其他各方面创新，加快推进数字经济、智能制造、生命健康、新材料等战略性新兴产业，形成更多新的增长点、增长极，着力打通生产、分配、流通、消费各个环节，逐步形成以国内大循环为主体、国内国际双循环相互促进的新发展格局。

（一）加大战略性新兴产业领域投资满足国内新兴需求

要加大战略性新兴产业投资，以供给提升创造消费新增长点，以示范推广培育产业新需求，以新型消费引领创新新业态，促进形成前景广阔的强大国内市场，更好满足国内新兴消费需求。

充分发挥我国超大规模市场优势和内需潜力。坚持需求导向和民生导向，通过创造新供给、提高供给质量，扩大消费需求。以供给侧结构性改革为主线，着力打通战略性新兴产业生产、分配、流通、消费各个环节，实施产业基础再造和产业链提升工程，增加中高端产品供给，释放消费需求潜力，推动战略性新兴产业向高端化、绿色化、智能化、融合化方向发展，以新兴产业新业态促进形成消费新增长点。

积极扩大有效投资，加快新型基础设施建设。围绕战略性新

兴产业新技术新产品新模式，以投资建设和示范推广的形式培育产业新需求。加快5G商用步伐，加强人工智能、工业互联网、物联网等新型基础设施建设，加强技术创新中心、试验验证中心、数据共享中心、推广应用中心等新型技术应用推广设施建设，以政府采购等方式对技术超前、模式先进、前景具有不确定性的战略性新兴产业领域开展场景创造培育建设，对人工智能、5G等应用场景丰富的领域构建涵盖产品、服务、体验、空间的综合创新生态应用场景。

（二）围绕消费升级方向提升战略性新兴产业创新能力

要把推动调存量同优增量、传统产业改造升级同培育新兴产业有机统一，紧紧围绕经济竞争力的关键、消费升级的方向、供给侧的短板、发展瓶颈制约等问题，统筹部署，全面提高创新能力，提升科技进步对战略性新兴产业发展的贡献率。

在中高端消费等领域培育新增长点、形成新动能。充分发挥创意作为新型创新方式的无穷发展潜力，依托我国极为丰富的历史文化创意资源和人口优势带来的创意创造天赋，顺应产业融合、创新引领的大趋势，以创意驱动产品创新、模式创新和业态创新，更好满足人民精神文化生活新期待，不断释放新型创意产业无限发展潜能。

培育壮大新型消费，有效释放消费潜力。培育一批拉动力强劲的新型消费增长点，激活潜在市场需求，有效促进消费回补，推动消费潜力释放。培育壮大智能制造、无人配送、在线消费、医疗健康、电子商务、电子政务、网络教育、网络娱乐等消费新业态，充分激发网络直播、短视频、电子商务、外卖、远程办公、“无接触”零售等新型消费潜力，鼓励5G终端消费、智慧家居消费等升级消费发展，通过不断提升行业技术水平、产品迭代升级满足消费者的需求，形成战略性新兴产业发展的良性循环。

三、集约集聚是战略性新兴产业发展的基本形态

把握新兴产业发展契机，优先培育和大力发展一批战略性新兴产业集群，构建产业体系新支柱，促进我国产业迈向全球价值链中高端。优化资源要素配置和生产力空间布局，健全体制机制，营造战略性新兴产业发展条件和空间，打造形成若干高质量发展的区域集群。

（一）培育和发展新的产业集群

围绕产业链部署创新链、围绕创新链布局产业链，推动经济高质量发展迈出更大步伐。要抓住新一轮世界科技革命带来的战略机遇，通过打造若干特色优质战略性新兴产业集群，发挥企业主体作用，不断增强企业创新动力、创新活力、创新实力。发挥好产业集群对于创新扩散及规模效应作用，加快培育重点产业领域创新链，打造若干高质量产业链。各地围绕本地优势战略性新兴产业集

群，建优产业链，补齐供应链，提升价值链，畅通大循环，把优势战略性新兴产业体系纳入国内国际大循环中，培育和打造新的竞争优势。

发挥龙头企业优势，带动中小企业发展。积极鼓励集群内龙头企业扩大规模，提高辐射带动能力，努力把企业打造成为推动高质量发展的示范企业、改革开放的先行企业。发挥产业链协同创新效应，探索更加紧密的资本型协作机制，发挥龙头企业优势，带动中小企业发展。

注重克服机制性的梗阻问题，打通理顺堵点难点，增强发展活力和创新活力。要推进产学研用一体化，整合创新链，支持龙头企业整合科研院所、高等院校力量，建立创新联合体，鼓励科研院所和科研人员进入企业，完善创新投入机制和科技金融政策，加快打造一流创新生态。加快建立起一套行之有效的集群统筹组织管理体制，形成各集群良性互动机制，有效避免集群的重复分散建设和封闭低效运行。

（二）营造战略性新兴产业发展条件

推动资源要素向实体经济集聚、政策措施向实体经济倾斜、工作力量向实体经济加强。要立足优势、挖掘潜力、扬长补短，努力改变传统产业多新兴产业少、低端产业多高端产业少、资源型产业多高附加值产业少、劳动密集型产业多资本科技密集型产业少的状况，构建多元发展、多极支撑的现代产业新体系，形成优势突出、结构合理、创新驱动、区域协调、城乡一体的发展新格局。

要大力培育新产业、新动能、新增长极，发展现代装备制造业，发展新材料、生物医药、电子信息、节能环保等新兴产业，优化资源要素配置和生产力空间布局，走集中集聚集约发展的路子，形成有竞争力的新兴产业增长极。

减少低端供给和无效供给，去产能、去库存、去杠杆，为经济发展留出新空间。推动各地区，破除无效供给，为新动能发展创造条件、留出空间，培育发展先进产能，增加有效供给，加快形成以战略性新兴产业为代表的新集群。

（三）在重点区域形成高质量发展的区域集群

要加快落实区域发展战略，完善区域政策和空间布局，发挥各地比较优势，构建全国高质量发展的新动力源。发挥好新兴产业发展良好区域的区域带动和示范作用，形成高质量发展的区域新兴产业集群。加快依赖传统产业发展的城市转型，要大力培育新产业、新动能、新集群、新增长极。

要适应经济发展新常态，推动创新驱动发展和产业优化升级，努力形成特色新兴产业集群，形成具有持续竞争力和支撑力的产业体系。发挥各地基础优势，促进我国新兴产业迈向全球价值链中高端，培育若干世界级新兴产业集群。

要破除资源流动障碍，使市场在资源配置中起决定性作用，促进各类生产要素自由流动并向优势地区集中，提高资源配置效率。

加快推进促进要素自由流动制度建设，大幅度降低要素流动的交易成本，必将促使更多的存量资源参与流动，也有利于吸引外部资源特别是创新资源流入，提高资源配置效率，进而更好支撑经济高质量发展。加强同区域间交流合作，通过深化改革坚决破除体制性障碍，推动创新要素协调发展，全面激发和释放蕴藏的巨大创新活力。

四、开放融合是加快战略性新兴产业发展的客观要求

当今世界，全球价值链、供应链深入发展，你中有我、我中有你，各国经济融合是大势所趋。我们应该坚持以开放求发展，深化交流合作，坚持“拉手”而不是“松手”，坚持“拆墙”而不是“筑墙”，推动全球价值链、供应链更加完善，共同培育市场需求。

（一）新一轮科技革命和产业变革为全球产业融合发展提供了新机遇

开放带来进步，封闭必然落后。要主动适应全球产业分工调整变化，积极引领全球价值链重塑，确立新定位，构筑新优势。战略性新兴产业的国际化发展必须顺应全球发展趋势，走产业融合发展道路。

创新对外投资方式，促进国际产能合作。在新一代信息技术、生物、高端装备制造等重点领域，推动产业链资源优化整合。面向

共建“一带一路”，支持企业提升全球化设计、生产、营销、服务能力，在世界范围内进行资源配置，建设共生、共赢的开放型产业创新体系。在应对新冠肺炎疫情过程中，要同世界各国加强信息分享，交流有益经验和做法，开展检测方法、临床救治、疫苗药物研发国际合作。

处理好新技术发展在法律、安全、政府治理等方面挑战，共同探寻新的增长动能和发展路径。要积极参与国际标准制定，加快建立与国际高标准投资和贸易规则相适应的制度规则，着力打造优质高效的国际化服务体系，积极拓展全球货物、服务和资本等要素配置的广度和深度。

（二）坚定不移奉行互利共赢的开放战略

当今世界，开放融通的潮流滚滚向前。中国开放的大门不会关闭，只会越开越大！实践证明，过去 40 多年中国经济发展是在开放条件下取得的，未来中国经济实现高质量发展也必须在更加开放条件下进行。

加强同国际经贸规则对接，增强透明度。要在战略性新兴产业领域建立与国际规则接轨的创新政策体系，扫除创新要素流动的制度性障碍，为企业融入新兴产业全球创新发展体系提供“引进来”和“走出去”的便利条件，促进创新要素的双向流动。创新政策的资助、贷款和税收减免等政策工具保持与国际贸易规则相适应，维护公平竞争的市场环境。

创造更有吸引力的投资环境。加大知识产权保护力度，吸引全球人才和科技成果来中国创新创业，消除外资企业在华研发和成果转化的后顾之忧。开展产业开放及改革试点，提升重点领域开放合作水平。加快建设国际科技成果转化和孵化、人才培训、信息服务、共性关键技术研发等各类公共服务平台，提升公共服务能力和水平。加强国外优质企业和高端科技资源引进。

第四节

坚持发挥好数据创新引擎作用

世界正在进入以信息产业为主导的经济发展时期。信息化为中华民族带来了千载难逢的机遇。我们要把握数字化、网络化、智能化融合发展的契机，紧紧围绕经济社会发展需求，充分发挥我国海量数据和巨大市场应用规模优势，以信息化、智能化为杠杆培育新动能，推进互联网、大数据、人工智能同实体经济深度融合，做大做强数字经济。

一、把握数字化网络化智能化融合发展契机

信息技术和产业发展程度决定着信息化发展水平，大数据是信息化发展的新阶段。要加强核心技术自主创新和基础设施建设，提

升数据的采集、处理、传播、利用、安全能力，更好把握数字经济发展机遇。

（一）将数据作为数字经济的关键要素

数据已成为国家基础性战略资源。随着信息技术与经济社会交汇融合引发的数据迅猛增长，大数据正日益对全球生产、流通、分配、消费活动以及经济运行机制、社会生活方式和国家治理能力产生重要影响，建设现代化经济体系离不开大数据发展和应用。

将数据作为数字经济的关键要素，需要健全完善数据要素使用和管理机制。要制定数据资源确权、开放、流通、交易相关制度，完善数据产权保护制度，促进数据要素高效流动和资源优化配置，着力支撑现代化经济体系建设。要健全劳动、资本、土地、知识、技术、管理、数据等生产要素由市场评价贡献、按贡献决定报酬的机制。

将数据作为数字经济的关键要素，需要加快培育发展数据要素市场。要推进政府数据开放共享，加快推动各地区各部门间数据共享交换，研究建立促进公共数据开放和数据资源有效流动的制度规范。要着力提升社会数据资源价值，完善数据权属界定、开放共享、交易流通等标准和措施，发挥社会数据资源价值。要加强数据资源整合和安全保护，探索建立统一规范的数据管理制度，提高数据质量和规范性。

（二）加快完善数字基础设施

网络的本质在于互联，信息的价值在于互通。作为新型基础设施的重要组成部分，数字基础设施建设成为不断缩小不同国家、地区、人群间的数字鸿沟，让数字资源充分涌流，增强数字服务的可及性的重要基础，对于网络强国建设具有重要意义。

加快完善数字基础设施，要加快构建高速、移动、安全、泛在的新一代信息基础设施。要通过统筹规划政务数据资源和社会数据资源，完善基础信息资源和重要领域信息资源建设，形成万物互联、人机交互的网络空间。要深入实施工业互联网创新发展战略，系统推进工业互联网基础设施和数据资源管理体系建设。要加大投入力度，加快农村互联网建设步伐，扩大光纤网、宽带网在农村的有效覆盖。

加快完善数字基础设施，关键要构建形成全国信息资源共享体系。要以推行电子政务、建设智慧城市等为抓手，以数据集中和共享为途径，推动技术融合、业务融合、数据融合，打通信息壁垒，形成覆盖全国、统筹利用、统一接入的数据共享大平台，实现跨层级、跨地域、跨系统、跨部门、跨业务的协同管理和服务。

（三）集中优势资源突破信息领域核心技术

网络信息技术是全球研发投入最集中、创新最活跃、应用最广泛、辐射带动作用最大的技术创新领域，是全球技术创新的竞争高地。人工智能是引领这一轮科技革命和产业变革的战略性技术，加快发展新一代人工智能是我们赢得全球科技竞争主动权的重要战略抓手，是推动我国科技跨越发展、产业优化升级、生产力整体跃升的重要战略资源。

突破信息领域核心技术，需要找准攻关发力的重点。要紧紧牵住核心技术自主创新这个“牛鼻子”，抓紧突破网络发展的前沿技术和具有国际竞争力的关键核心技术。要推动高性能计算、移动通信、量子通信、核心芯片、操作系统等研发和应用取得重大突破。要瞄准世界科技前沿，集中优势资源突破大数据核心技术。要加快建立新一代人工智能关键共性技术体系，在短板上抓紧布局，确保人工智能关键核心技术牢牢掌握在自己手里。

突破信息领域核心技术，需要遵循技术发展的规律。要在技术、产业、政策上共同发力，做好体系化技术布局，优中选优、重点突破。要制定路线图、时间表、任务书，明确近期、中期、远期目标，分梯次、分门类、分阶段推进。需要加大投入力度，着力攻克一批关键核心技术，加快推动产业创新发展。要培育公平的市场环境，强化知识产权保护，反对垄断和不正当竞争。要积极推动核心技术成果转化，出台支持企业发展的政策，让他们成为技术创新主体，成为信息产业发展主体。

二、推动产业数字化、数字产业化

发展数字经济是推动新型工业化、信息化、城镇化、农业现代化同步发展的加速器、催化剂。我们要围绕建设现代化经济体系、实现高质量发展，发挥好信息技术创新的扩散效应、信息和知识的溢出效应、数字技术的普惠效应，推动互联网、大数据、人工智能和实体经济深度融合，加快制造业、农业、服务业数字化、网络化、智能化。

（一）以产业数字化推动改造传统动能

推动产业数字化就是利用互联网新技术新应用对传统产业进行全方位、全角度、全链条的改造，提高全要素生产率，释放数字对经济发展的放大、叠加、倍增作用，是改造提升传统动能的重要方式。要求传统产业树立互联网思维，积极与“互联网+”相结合。

推动工业领域传统产业数字化，要大力发展智能制造，推动制造业加速向数字化、网络化、智能化发展，作好信息化和工业化深度融合这篇大文章。要打造工业互联网平台，拓展“智能+”，为制造业转型升级赋能。要推进制造业创新创业平台建设。

推动农业领域传统产业数字化要瞄准农业现代化作为主攻方向，提高农业生产智能化、经营网络化水平，帮助广大农民增加收入。要以数字化助力农村一二三产业融合发展，加快构建现代农业产业体系，完善农业配套服务体系。

推动服务业领域传统产业数字化，要加速传统服务业数字化、网络化转型，提升精准服务、高效服务、智能服务能力，带动更多数字经济领域就业创业。加速数字技术推动服务业创新发展进程，推动生产性服务业向专业化和价值链高端延伸，推动生活性服务业向高品质和多样化升级。要大力发展数字创意产业，促进传统产业转型升级和新兴产业发展，培育新的经济增长点。

（二）以数字产业化培育发展新动能

推动数字产业化，就是要发挥互联网的作用，发挥数据、信息、知识等重要生产要素的作用，依靠信息技术创新驱动，不断催生新产业新业态新模式，用新动能推动新发展。

推动数字产业化，要以良好发展环境作为支撑。要支持云计算与物联网、移动互联网、互联网金融、电子商务等技术和服务的融合发展与创新应用，积极培育新业态、新模式。要引导社会资本加大对新技术、新业态、新模式的投入。要推动通信与相关行业双向开放与合作，消除行业应用壁垒，为平台经济发展和行业开放融合营造良好环境，构建平台及其参与者互促共赢的生态。

推动数字产业化，要主动适应群众生活新需要。推进“互联网+教育”“互联网+医疗”“互联网+文化”等民生领域数字产业化，让百姓少跑腿、数据多跑路，不断提升公共服务均等化、普惠化、便捷化水平。要坚持问题导向，抓住民生领域的突出矛盾和问题，强化民生服务，弥补民生短板，推进教育、就业、社保、医药卫生、住房、交通等领域大数据普及应用，深度开发各类便民应用。要加强精准扶贫、生态环境领域的大数据运用，为打赢脱贫攻坚战助力，为加快改善生态环境助力。要拓展数字化公共服务。要推进大中小城市网络化建设，推进智慧社区建设。

三、以信息化支撑国家治理体系和治理能力现代化

信息是国家治理的重要依据。要深刻认识互联网在国家管理和社会治理中的作用，要强化互联网思维，利用互联网扁平化、交互式、快捷性优势，建立健全大数据辅助科学决策和社会治理的机制，创新政府管理和社会治理模式，推进政府决策科学化、社会治理精准化、公共服务高效化，用数字化手段更好感知社会态势、畅通沟通渠道、辅助决策施政。

（一）以信息化手段推动治理模式创新

信息化手段的应用将加快国家和社会治理的进程。随着互联网特别是移动互联网发展，社会治理模式正在从单向管理转向双向互动，从线下转向线上线下融合，从单纯的政府监管向更加注重社会协同治理转变。

要充分利用大数据平台、人工智能等数字化手段，综合分析风险因素，提高对风险因素的感知、预测、防范能力。发挥网络传

播互动、体验、分享的优势，听民意、惠民生、解民忧，凝聚社会共识。

要以信息化助力提升多元共治水平。要加强政企合作，鼓励多方参与，加快公共服务领域数据共享，与企业积累的社会数据加强对接，互为补充，形成社会治理强大合力。

（二）采取适应创新发展的监管方式

在供求关系日益复杂、产业结构优化升级的背景下涌现出很多新技术、新产业、新产品，往往不是政府发现和培育出来的，而是“放出来”的，是市场竞争的结果。技术是难点，但更难的是，对市场需求的理解，这是一个需要探索和试错的过程。包容审慎的监管是新业态新模式发展的保障，要建立和采取适应创新发展的监督方式，要加强政策、监管、法律的统筹协调，主管部门和企业要建立密切协作协调的关系，避免“一放就乱、一管就死”现象，走出一条齐抓共管、良性互动的新路。

要坚持包容审慎的监管方式。所谓包容，就是新业态新模式只要不违反法律法规、不触及安全底线、不损害公众利益，就本着鼓励创新原则，为其成长留下足够空间。所谓审慎，就是对新业态新模式看不准的时候，不要一上来就管死，而是给它一个“观察期”，在出台监管措施时要综合考虑各方因素，认真研究论证，既防止其不良行为，又引导其健康规范发展。

要坚持鼓励支持和规范发展并行。鼓励和支持企业布局前沿技术，推动核心技术自主创新，创造和把握更多机会，参与国际竞争，拓展海外发展空间。同时，针对互联网市场上存在的一些恶性竞争、滥用市场支配地位等情况，要不断完善监管政策，规范市场秩序，鼓励进行良性竞争。

要坚持政策引导和依法管理并举。政府要为企业发展营造良好环境，加快推进审批制度、融资制度、专利制度等改革，减少重复检测认证，施行优质优价政府采购制度，减轻企业负担，破除体制机制障碍。要加快网络立法进程，完善依法监管措施，化解网络风险。

要坚持经济效益和社会效益并重。广大互联网企业应坚持经济效益和社会效益统一，在自身发展的同时，饮水思源，回报社会，造福人民。

（三）树立正确的网络安全观

网络安全是国家安全的重要组成部分，应当坚持国家总体安全观，树立正确的网络安全观。在信息时代，网络安全对国家安全牵一发而动全身，同许多其他方面的安全都有着密切关系。没有网络安全就没有国家安全，就没有经济社会的稳定运行。

要做到安全与发展协调一致、齐头并进，以安全保发展、以发展促安全，努力建久安之势、成长治之业。超前统筹部署网络安全发展，推动网络安全核心技术创新和科研成果转化，完善国家网络安全保障体系，全面提高网络治理能力。

要坚持以人民为中心的发展思想，把增进人民福祉作为信息化发展的出发点和落脚点，让人民群众在信息化发展中有更多获得感、幸福感、安全感。要坚持网络安全为人民、网络安全靠人民，维护网络安全是全社会共同责任，需要政府、企业、社会组织、广大网民共同参与，共筑网络安全防线。

要筑牢网络安全防线，增强安全管理、安全保障、安全运用等立体防护能力，提高网络安全保障水平，增强数据安全预警和溯源能力，要制定数据隐私保护制度和安全审查制度。要强化国家关键数据资源保护能力，强化关键信息基础设施防护，加强网络安全预警监测，实现全天候全方位感知和有效防护。

四、推动世界各国共同搭乘数字经济发展快车

数字经济蓬勃发展，各国利益更加紧密相连。各国应该深化务实合作，以共进为动力、以共赢为目标，走出一条互信共治之路，让网络空间命运共同体更具生机活力。

（一）要探寻新的增长动能和发展路径，建成数字丝绸之路、创新丝绸之路

要顺应第四次工业革命发展趋势，共同把握数字化、网络化、智能化发展机遇，共同探索新技术、新业态、新模式，探寻新的增长动能和发展路径，建设数字丝绸之路、创新丝绸之路。

要共同抓住数字经济发展机遇。新一轮科技和产业革命，数字经济、共享经济在全球范围内掀起浪潮，人工智能、量子科学等新技术不断取得突破，为各国转变发展方式，培育新的经济增长点提供有力支撑。促进数字经济和实体经济融合发展，加快新旧发展动能接续转换，打造新产业新业态，是各国面临的共同任务，各国需要加强合作，深化交流，共同把握好数字化、网络化、智能化发展机遇。

要加强数字经济国际合作。中国高度重视创新驱动发展，坚定贯彻新发展理念，加快推进数字产业化、产业数字化，努力推动高质量发展、创造高品质生活。积极参与数字经济国际合作，加强在技术交流、数据共享、应用市场等方面的交流合作，推动大数据、云计算、智慧城市建设，共享数字经济发展机遇，通过探索新技术、新业态、新模式，共同探寻新的增长动能和发展路径，携手推动数字经济健康发展，为世界经济增长培育新动力、开辟新空间。

（二）推动全球互联网治理体系向着公平合理的方向迈进

完善全球互联网治理体系，维护网络空间秩序，必须坚持同舟共济、互信互利的理念，摈弃零和博弈、赢者通吃的旧观念。

推动互联网全球治理体系变革。随着世界多极化、经济全球化、文化多样化、社会信息化深入发展，互联网对人类文明进步将发挥更大促进作用。同时，互联网领域发展不平衡、规则不健全、秩序不合理等问题日益凸显。不同国家和地区信息鸿沟不断拉大，现有网络空间治理规则难以反映大多数国家意愿和利益；世界范围内侵害个人隐私、侵犯知识产权、网络犯罪等时有发生，网络监听、网络攻击、网络恐怖主义活动等成为全球公害。面对这些问题和挑战，国际社会应该在相互尊重、相互信任的基础上，加强对话合作，推动互联网全球治理体系变革，共同构建和平、安全、开放、合作的网络空间，建立多边、民主、透明的全球互联网治理体系。

国际网络空间治理，应该坚持多边参与、多方参与，由大家商量着办，发挥政府、国际组织、互联网企业、技术社群、民间机构、公民个人等各个主体作用，不搞单边主义，不搞一方主导或由几方凑在一起说了算。各国应该加强沟通交流，完善网络空间对话协商机制，研究制定全球互联网治理规则，使全球互联网治理体系更加公正合理，更加平衡地反映大多数国家意愿和利益。

第五节

坚持创新驱动实质是人才驱动

人才是创新的第一资源。为了加快形成一支规模宏大、富有创新精神、敢于承担风险的创新型人才队伍，要重点在用好、吸引、培养上下功夫。

一、用好人才

要营造良好创新环境，加快形成有利于人才成长的培养机制、有利于人尽其才的使用机制、有利于竞相成长各展其能的激励机制、有利于各类人才脱颖而出的竞争机制，培植好人才成长的沃土。

（一）用好人才，首先要用好科学家

科技创新，需要基础研究引领和支撑。要想让科学家多出成果，必须给他们创造条件。在基础研究领域，也包括一些应用科技领域，要尊重科学研究灵感瞬间性、方式随意性、路径不确定性的特点，允许科学家自由畅想、大胆假设、认真求证。

要改进战略科学家和创新型科技人才培养支持方式。更大力度实施国家高层次人才特殊支持计划，完善支持政策，创新支持方式。构建科学、技术、工程专家协同创新机制。按照精简、合并、取消、下放要求，深入推进项目评审、人才评价、机构评估改革。

要破除论资排辈、求全责备等陈旧观念，抓紧培养造就青年英才。建立健全对青年人才普惠性支持措施。加大教育、科技和其他各类人才工程项目对青年人才培养支持力度。改革博士后制度，发挥高校、科研院所、企业在博士后研究人员招收培养中的主体作用。拓宽国际视野，吸引国外优秀青年人才来华从事博士后研究。

（二）用好人才，重点是用好科技人员

科学家毕竟是少数，数量庞大的科研人员是创新的主力军。用好科研人员，既要用事业激发其创新勇气和毅力，也要重视必要的物质激励，使他们“名利双收”。名就是荣誉，利就是现实的物质利益回报，其中拥有产权是最大激励。

用好科技人员，要强化必要的物质激励。要完善科研人员收入

分配政策，依法赋予创新领军人才更大人财物支配权、技术路线决定权，实行以增加知识价值为导向的激励机制。要制定落实国有企事业单位人才股权期权激励政策，对不适宜实行股权期权激励的采取其他激励措施。要探索高校、科研院所担任领导职务科技人才获得现金与股权激励管理办法。

用好科技人员，要支持其所属单位从转化科技成果中获得应有的收益。要赋予高校、科研院所科技成果使用、处置和收益管理自主权，除事关国防、国家安全、国家利益、重大社会公共利益外，行政主管部门不再审批或备案。要允许科技成果通过协议定价、在技术市场挂牌交易、拍卖等方式转让转化。要制定落实高校、科研院所等事业单位科研人员离岗创业的政策措施。要允许高校、科研院所设立一定比例的流动岗位，吸引具有创新实践经验的企业家、科技人才兼职。

（三）用好人才，还要用好企业家

企业家是推动创新的重要动力。世界上一些很著名的企业家并不是发明家，但他们是创新的组织者、推动者。

用好企业家，要遵循企业家成长规律，拓宽培养渠道。建立有利于企业家参与创新决策、凝聚创新人才、整合创新资源的新机制。依法保护企业家财产权和创新收益，进一步营造尊重、关怀、宽容、支持企业家的社会文化环境。激发和保护企业家精神，鼓励更多社会主体投身创新创业。合理提高国有企业经营管理人才市场化选聘比例，畅通各类企业人才流动渠道。研究制定在国有企业建立职业经理人制度的指导意见。完善国有企业经营管理人才中长期激励措施。

用好企业家，还要大力培养高技能人才。要重视发挥技术工人队伍作用，鼓励其参与工艺改进和产品设计，使他们的创新才智充分涌流。要建立产教融合、校企合作的技术技能人才培养模式。要大力培养支撑中国制造、中国创造的技术技能人才队伍，加快构建现代职业教育体系，深化技术技能人才培养体制改革。要弘扬劳动光荣、技能宝贵、创造伟大的时代风尚，不断提高技术技能人才经济待遇和社会地位。

二、吸引人才

要聚天下英才而用之，广泛吸引各类创新人才特别是我们最缺的人才，如首席科学家、战略科学家、世界级科技大师、风险投资企业家等。

（一）完善海外人才引进方式

要广纳人才，招四方之才，招国际上的人才，完善人才引进政策体系，制定更加积极的国际人才引进计划，吸引更多海外创新人才到我国工作。要坚持以用为本，按需引进，重点引进能够突破关键技术、发展高新技术产业、带动新兴学科的战略型人才和创新创业的领军人才。

实行更积极、更有效的人才引进政策，敞开大门，不拘一格，柔性汇聚全球人才资源。对国家急需紧缺的特殊人才，开辟专门渠道，实行特殊政策，实现精准引进。支持地方、部门和用人单位设立引才项目，加强动态管理。鼓励社会力量参与人才引进。扩大来华留学规模，优化外国留学生结构。

实行更加开放的人才政策，不唯地域引进人才，不求所有开发人才，不拘一格用好人才，在大力培养国内创新人才的同时，更加积极主动地引进国外人才特别是高层次人才，热忱欢迎外国专家和优秀人才以各种方式参与中国现代化建设。要积极营造尊重、关心、支持外国人才创新创业的良好氛围，对他们充分信任、放手使用，让各类人才各得其所，让各路高贤大展其长。

（二）健全工作和服务平台

要对引进人才充分信任、放手使用，支持他们深度参与国家计划项目、开展科研攻关。支持外籍科学家领衔国家科技项目。完善引才配套政策，解决引进人才任职、社会保障、户籍、子女教育等问题。对外国人才来华签证、工作、居留，放宽条件、简化程序、落实相关待遇。整合人才引进管理服务资源，优化机构与职能配置。

要完善外国人才引进体制机制，切实保护知识产权，保障外国人才合法权益，对作出突出贡献的外国人才给予表彰奖励，让有志于来华发展的外国人才来得了、待得住、用得好、流得动。要遵循国际人才流动规律，更好发挥企业、高校、科研机构等用人单位的主体作用，使外国人才的专长和中国发展的需要紧密契合，为外国专家施展才能、实现事业梦想提供更加广阔的舞台。

要发挥社团的群众性、高知性、统战性特点和优势，立足国内、开拓海外，努力成为留学报国的人才库、建言献策的智囊团、开展民间外交的生力军，成为党联系广大留学人员的桥梁纽带、党和政府做好留学人员工作的助手、广大留学人员之家，把广大留学人员紧密团结在党的周围。

（三）扩大人才对外交流

一个国家对外开放，必须首先推进人的对外开放，特别是人才的对外开放。如果思想禁锢、心胸封闭，那就不可能有真正的对外开放。因此，对外开放要着眼于人、着力于人，推动人们在眼界上、思想上、知识上、技术上走向开放，通过学习和应用世界先进知识和技术，进而不断把整个对外开放提高到新的水平。

要鼓励支持人才更广泛地参加国际学术交流与合作。支持有条件的高校、科研院所、企业在海外建立办学机构、研发机构，吸引使用当地优秀人才。完善国际组织人才培养推送机制。创立国际人才合作组织，促进人才国际交流与合作。研究制定维护国家人才安全的政策措施。

要加强政府间工程科技战略合作，以更开放的胸怀支持工程科技国际交流合作。加强半官方及民间工程科技合作，促进国内外科研机构、高等学校、科技学术组织、企业、城市、科学家个人的交流。加强工程科技人才培养，把国际交流合作作为聚集一流学者的重要平台，联合培养拔尖创新型工程科技人才。

三、培养人才

要树立正确人才观，培育和践行社会主义核心价值观，着力提高人才培养质量，弘扬劳动光荣、技能宝贵、创造伟大的时代风尚，营造人人皆可成才、人人尽展其才的良好环境，努力培养数以亿计的高素质劳动者和技术技能人才。

（一）创新人才教育培养模式

深化教育改革，推进素质教育，创新教育方法，提高人才培养质量，努力形成有利于创新人才成长的育人环境。突出经济社会发展需求导向，建立高校学科专业、类型、层次和区域布局动态调整机制。

完善创新人才培养模式，强化科学精神和创造性精神的培养，加强科教融合、校企联合等模式，培养和造就一大批熟悉市场运作、具备科技背景的创新创业人才。

统筹产业发展和人才培养开发规划，加强产业人才需求预测，加快培育重点行业、重要领域、战略性新兴产业人才。

注重人才创新意识和创新能力培养，探索建立以创新创业为导向的人才培养机制，完善产学研用结合的协同育人模式。

（二）改进人才评价考核方式

发挥政府、市场、专业组织、用人单位等多元评价主体作用，加快建立科学化、社会化、市场化的人才评价制度。

基础研究人才以同行学术评价为主，应用研究和技术开发人才突出市场评价，哲学社会科学人才强调社会评价。注重引入国际同行评价。应用型人才评价应根据职业特点突出能力和业绩导向。

加强评审专家数据库建设，建立评价责任和信誉制度。适当延长基础研究人才评价考核周期。

（三）改革职称制度和职业资格制度

深化职称制度改革，提高评审科学化水平。研究制定深化职称制度改革的意见。

突出用人主体在职称评审中的主导作用，合理界定和下放职称评审权限，推动高校、科研院所和国有企业自主评审。

探索高层次人才、急需紧缺人才职称直聘办法。畅通非公有制经济组织和社会组织人才申报参加职称评审渠道。

清理减少准入类职业资格并严格管理，推进水平类职业资格评价市场化、社会化。放宽急需紧缺人才职业资格准入。

第三章

党的十八大以来创新型国家建设取得丰硕成果

党的十八大以来，以习近平同志为核心的党中央把握大势，谋划全局，深化改革，全面发力，推动创新驱动发展战略深入实施，创新型国家建设取得历史性成就。坚持走自主创新道路，明确科技创新主攻方向和突破口，努力实现优势领域、关键技术重大突破。着力推动战略性新兴产业做大做强，着力壮大新增长点、形成发展新动能。坚持以深化改革激发创新活力，加强创新驱动系统能力整合，打通科技和经济社会发展通道，不断释放创新潜能，加速聚集创新要素，提升国家创新体系整体效能。我国已成为具有重要国际影响力的创新大国，正向着社会主义现代化强国的宏伟目标阔步前进。

第一节

自主创新能力持续提升

党的十八大以来，在习近平总书记关于创新发展重要论述指引下，全国上下持续提升自主创新能力，取得了举世瞩目的创新成就。研发投入大幅提升，投入结构不断优化，投入效益和效率双提升；一批重大科技成果相继问世，原创性基础研究和应用基础研究成果涌现，满足国家重大需求的战略高技术研究取得重大进展；创新体系建设成效显著，自主创新基础条件不断完善，企业创新主体地位不断增强，高校和科研院所的原始创新能力逐步提高，为建设创新型国家提供了有力支撑。

一、创新投入产出快速提升

近年来，我国研发投入持续保持快速增长，投入强度稳步提高，投入结构持续优化，投入效益不断提升。

（一）研发投入持续增长

研发经费和人员投入持续快速增长。2019 年，我国研发经费投入达到 21 737 亿元，2015—2019 年年均增速高达 10.80%，显著高于 GDP 年均增速（见图 3–1）。我国研发人员全时当量达到 461 万人年，2015—2019 年平均增速达到 4.44%，增幅达到 85.12 万人年，研发人员总量居世界第一位。

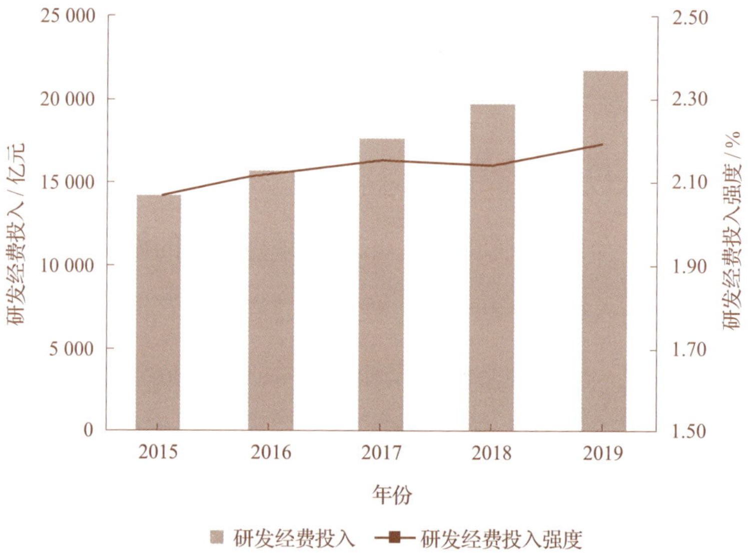

图 3–1　我国研发经费支出情况

资料来源：《中国科技统计年鉴 2019》《中华人民共和国2019年国民经济与社会发展统计公报》。

研发经费投入强度稳步提升。2015 年为 2.07%，2019 年达到 2.19%，已经超过了 2017 年欧盟 15 国[1]平均水平（2.13%），逐步接近经济合作与发展组织（OECD）平均水平（2.37%）。

（二）创新产出规模持续扩大

知识产权产出取得长足进步。2019 年，我国发明专利申请量达到 140.1 万件，商标注册申请量达 783.7 万件，连续多年稳居世界首位。2019 年，我国专利合作条约（PCT）国际专利申请量达到 5.904 5 万件，首次超越美国，位居世界首位。

新产品开发能力稳步增强。2018 年规模以上工业企业新产品开发项目数达到 55.83 万个，较 2015 年增长了 23.20 万个，2015—2018 年平均增速达到 10.40%。2018 年规模以上工业企业新产品销售收入为 19.7 万亿元，较 2015 年的 15.09 万亿元增长了 30.65%，2015—2018 年平均增速为 8.37%（见图 3–2）。

（三）研发投入效益效率不断提高

研发投入效益不断攀升。2015—2019 年，我国科技进步贡献率由 55.3% 提升至 59.5%，上升了 4.2 个百分点，科技创新支持经济社会发展的能力明显增强。2018 年，我国知识产权使用费国际收入达到 55.61 亿美元，近三年平均增速高达 189%，收入总额与

[1] 欧盟 15 国包括奥地利、比利时、卢森堡、丹麦、芬兰、法国、德国、希腊、爱尔兰、意大利、荷兰、葡萄牙、西班牙、瑞典和英国。

2015 年相比，增长了 5 倍以上（见图 3–3）。

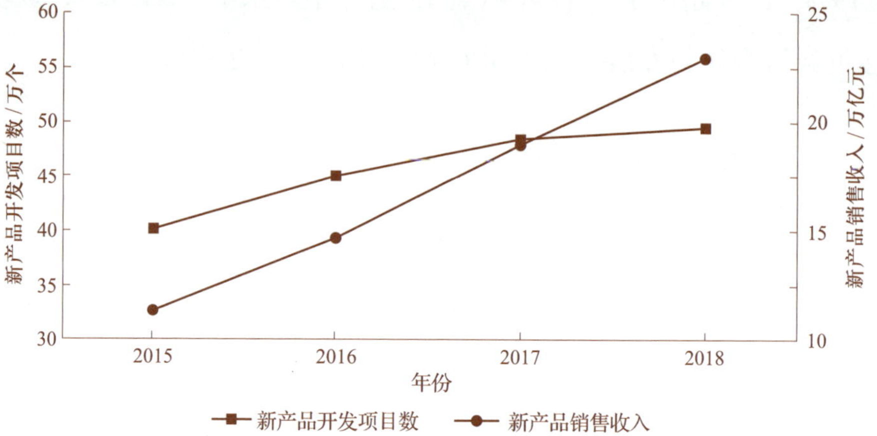

图 3–2　我国规模以上工业企业新产品开发及生产情况

资料来源：《中国科技统计年鉴 2019》。

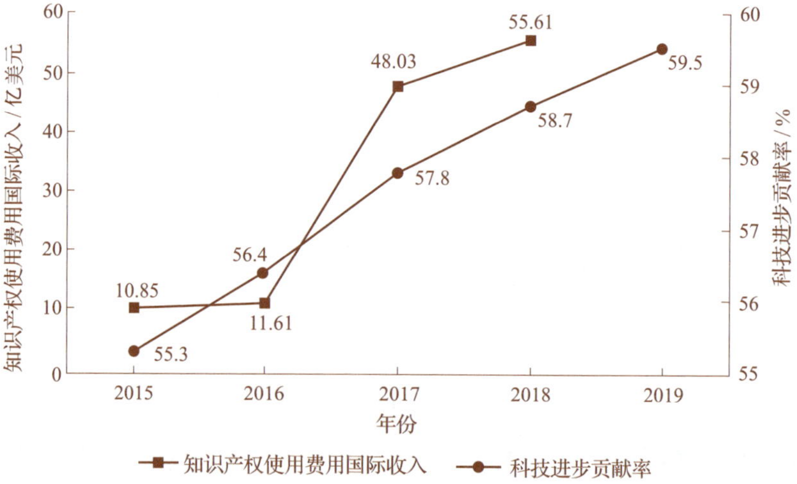

图 3–3　我国研发投入经济收益情况

资料来源：知识产权使用费用国际收入数据来源于世界银行世界发展指标在线数据库；科技进步贡献率数据来源于《中国科技统计年鉴 2019》《关于2019年国民经济和社会发展计划执行情况与2020年国民经济和社会发展计划草案的报告》。

研发投入产出效率不断提高。2018 年，我国单位研发经费国内专利申请量达到 210.73 件 / 亿元，单位研发经费 PCT 专利申请量达到 2.71 件 / 亿元，单位研发人员国内专利申请量达到 9 464.40 件 / 万人年，单位研发人员 PCT 专利申请量达到 121.88 件 / 万人年。2015—2018 年，上述四项指标年均增速分别达到 5.54%、8.44%、12.27% 和 15.35%。

二、重大科技成果相继问世

近年来，以习近平同志为核心的党中央为推动科技创新面向世界科技前沿、面向经济主战场、面向国家重大需求，作出一系列重大决策部署，我国科技创新能力显著提升，科技整体水平正在从量的增长向质的提升转变，为推动高质量发展奠定了坚实基础。

（一）基础研究和应用基础研究取得重大原创性成果

基础研究和应用基础研究领域实现多点突破、群体性跃升，化学、材料、物理等学科居世界前列，铁基超导材料保持国际最高转变温度，量子反常霍尔效应、多光子纠缠世界领先，中微子振荡、干细胞、利用体细胞克隆猕猴等取得重要原创性突破，悟空、墨子、慧眼、碳卫星等系列科学实验卫星成功发射，500 米口径球面射电望远镜、上海光源、全超导托卡马克核聚变装置等重大科研基础设施为我国开展世界级科学研究奠定了重要物质技术基础。屠呦呦研究员获得诺贝尔生理学或医学奖。

我国具有自主知识产权、世界最大单口径、最灵敏的500米口径球面射电望远镜（FAST，又称“中国天眼”）竣工并投入使用（见图3-4），截至2020年3月，FAST已证实发现脉冲星118颗，其中首次发现的毫秒脉冲星于2018年4月得到国际认证。

图3-4　500米口径球面射电望远镜

图片来源：中国科学院。

2019年1月8日，我国科学家领衔的实验团队在量子反常霍尔效应取得的突破性成果，有助于推动新一代的低能耗晶体管和电子学器件的发展，在未来解决摩尔定律瓶颈问题，或将带来下一次信息技术革命。

》专栏 3–1

非人灵长类模型与脑联接图谱研究方面取得重要原创成果

2016年，我国在世界上首次建立了携带人类自闭症基因的非人灵长类动物模型——食蟹猴模型，为深入研究自闭症的病理与探索可能的治疗干预方法奠定了重要基础。同年，我国成功绘制了更精确的人脑功能分区图谱，即人类脑网络组图谱，突破100多年来传统脑图谱绘制的瓶颈，提出了“利用脑联接信息绘制脑图谱”的思想，第一次建立了宏观尺度上的活体全脑联接图谱，为实现脑科学和脑疾病研究的源头创新提供了重要基础。2017年底，在国际上率先攻克非人灵长类动物体细胞核克隆难题，11月27日世界上首个体细胞克隆猴“中中”诞生，12月5日第二个克隆猴“华华”诞生，将有力促进生命科学基础研究和转化医学研究，为探究众多复杂疾病机理、建立有效诊治和干预手段及新药创制带来光明前景。

图片来源：新华社。

（二）战略高技术研究有力支撑国家核心竞争力提升

面向国家重大需求的战略高技术研究捷报频传，载人航天和探月工程取得“天宫”“神舟”“嫦娥”“长征”系列等重要成果，北斗全球系统全面建成，载人深潜、深地探测、国产航母、大型先进压水堆和高温气冷堆核电、天然气水合物勘查开发、纳米催化、金属纳米结构材料等正在进入世界先进行列。

2020 年 6 月 23 日，我国在西昌卫星发射中心用长征三号乙运载火箭，成功发射北斗系统第五十五颗导航卫星，比原计划提前半年全面完成北斗三号全球卫星导航系统星座部署（见图 3–5）。北斗卫星导航系统完成全球组网，是我国第一个面向全球提供公共服务的重大空间基础设施，为世界卫星导航事业发展作出了重要贡献、为全球民众共享更优质的时空精准服务提供了更多选择、为我国重大科技工程管理现代化积累了宝贵经验。

图 3-5　北斗卫星导航系统

图片来源：中国卫星导航系统管理办公室。

“海斗”“海翼”等一批深海装备研制成功。我国自主研发了万米级自主遥控水下机器人“海斗”号，2017 年 2 月实现最大深度 10 888 米，成为继日本、美国之后第三个具备研制万米级无人潜水器能力的国家。2017 年 3 月 6 日，我国自主研发的“海翼”号水下滑翔机 3 次突破水下滑翔机的世界下潜深度纪录，最大下潜深度达 6 329 米，海上连续工作时间超过 3 个月，成为继美国之后第二个具有跨季度自主移动海洋观测能力的国家。

» 专栏 3-2

首次天然气水合物（可燃冰）试采成功

2017年5月，“蓝鲸1号”钻井平台在南海神狐海域试采可燃冰成功，我国成为全球第一个实现稳定试采海域可燃冰的国家，连续稳产60天。2020年3月，“蓝鲸2号”在南海神狐海域试采成功并超额完成任务，实现从探索性试采向试验性试采的重大跨越。

图片来源：新华社。

（三）重大装备、工程引领产业向中高端迈进

科技创新全面融入、主动引领经济社会发展的新格局正在形

成，复兴号高速列车迈出从追赶到领跑的关键一步，超超临界燃煤发电、特高压输变电、杂交水稻、海水稻等世界领先，移动通信、语音识别、第三代核电“华龙一号”、掘进装备等跻身世界前列，集成电路制造、C919 大型客机、高档数控机床、大型船舶制造装备等加快追赶国际先进水平，龙门五轴机床、8 万吨模锻压力机等装备填补多项国内空白，自主研发的人工智能深度学习芯片实现商业化应用，重大传染病防控和疫苗研制、重大新药创制等有力改善民生福祉。

我国按照国际民航规章自行研制、具有自主知识产权的大型喷气式民用飞机 C919，于 2015 年 11 月 2 日完成总装下线，2017 年 5 月 5 日首飞成功（见图 3-6）。

图 3-6 C919 大型客机首飞成功

图片来源：中国商飞。

具有完全自主知识产权、达到世界先进水平的复兴号动车组列车，于2017年6月，在京沪高铁上按时速350公里正式双向首发（见图3–7），标志着我国高速动车组技术全面实现自主化、标准化和系列化。

图3–7　复兴号动车组实现时速350公里商业运营

图片来源：新华社。

» 专栏 3–3

海水稻试种成功

由中国工程院院士袁隆平团队领衔研发试验的海水稻试种成功，2019年9个区域试验种植基地的平均亩产达

400多公斤，2020年6月首次在青藏高原柴达木盆地试种植。据测算，如果在1亿亩盐碱地推广海水稻，按亩产300公斤保守计算，年产量也将达到300亿公斤，能养活8000万人口。

» 专栏 3-4

世界最长跨海大桥港珠澳大桥开通

2018年10月，习近平总书记宣布港珠澳大桥正式开通。

图片来源：新华社。

三、创新体系建设持续完善

近年来一批国家创新平台建成并投入使用，企业技术创新主体地位持续提升，高校院所等基础创新能力显著增强，我国创新体系建设持续完善，为产业迈向全球价值链中高端打下坚实基础。

（一）国家创新平台建设成效显著

重大科技科研基础设施建设布局不断优化。截至2020年6月，我国布局建设57个重大科技基础设施，立项批复总投资近600亿元，已建成30个，上海光源、强磁场、散裂中子源、中国“天眼”、硬X射线自由电子激光装置、高能同步辐射光源等一批综合性设施处于国际先进水平。我国正在运行的国家重点实验室500余家，有力推动了高水平基础研究和应用基础研究活动的开展。

» 专栏 3-5

上海光源

上海光源（SSRF）由中科院上海应用物理研究所牵头建设，1998年3月立项，2004年12月开工，2010年1月通过国家验收。这是国际上性能指标领先的第三代同步辐射光源之一，也是我国已建成的规模最大的国家重大科技基础设施，获 2013 年度国家科学技术进步奖一等奖。

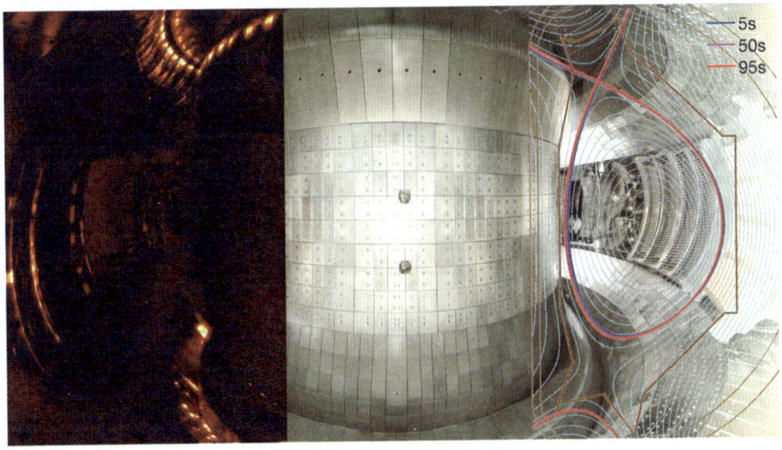

图片来源：中国科学院。

产业创新平台建设体系化拓展。国家工程研究中心、国家企业技术中心体系化布局，建成 133 个国家工程研究中心和 217 个国家工程实验室，1 540 家国家企业技术中心，我国创新基础能力进一步夯实。

（二）企业创新主体地位不断增强

企业研发投入持续增加。2015—2018 年，我国企业研发经费支出从 1.1 万亿元增加到 1.5 万亿元，年均增速达 10.9%。同期，我国企业研发人员全时当量从 263.8 万人年增加到 298.1 万人年，增幅达 11.1%。

企业创新活力不断增强。2018 年，开展创新活动的规模以上企业达到 30.8 万家，同比增长 3.36%，占到全部企业的 40.8%。实现创新（包括产品创新、工艺创新、组织创新、营销创新）的企业达到 28.8 万个，同比增长 3.60%，占到全部企业的 38.2%（见图 3–8）。

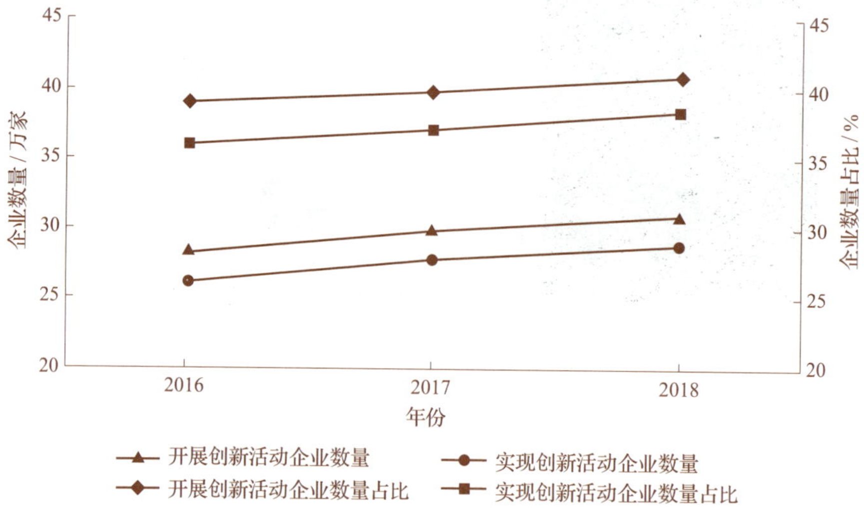

图 3–8 我国企业研发活动情况

资料来源：《中国科技统计年鉴 2019》。

企业创新产出快速提高。2018 年，全国规模以上工业企业有效发明专利数量突破 100 万件，较 2015 年增长 90.7%。同年，全国规模以上工业企业新产品销售收入达 19.7 万亿元，较 2015 年增长 30.5%。

（三）高等院校和科研院所原始创新能力逐步提高

高等院校基础研究和人才培养能力显著提高。2018 年，高等院校研发人员全时当量达到 41.1 万人年，基础研究 R&D 人员全时当量达到 19.1 万人年，较 2015 年增加 16.5%。同年，高等院校发表论文 139 万篇，同比增长 6.35%。2018 年，高等院校共培养硕士生 40 万人、博士生 31 万人，分别较 2015 年增长 24.7% 和 34.7%（见图 3–9）。

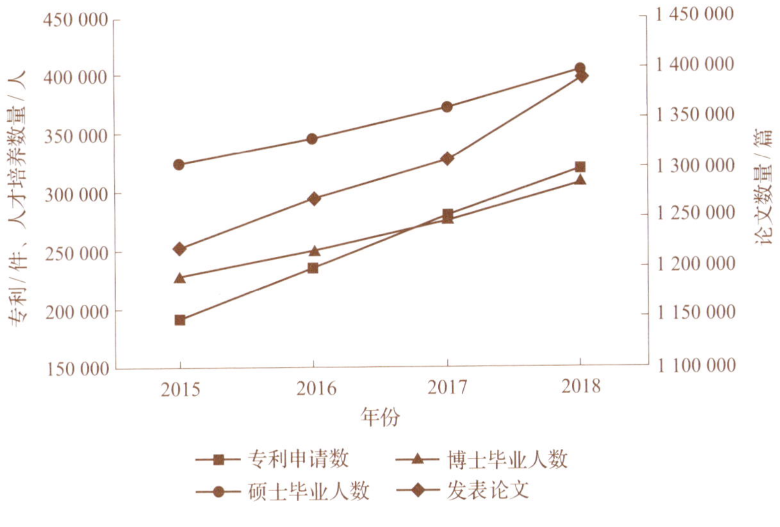

图 3–9　我国高校创新产出和人才培养情况

资料来源：《中国科技统计年鉴 2019》。

科研院所创新能力建设进展良好。2018 年，科研院所专利申请 6.1 万件，发明专利申请 4.8 万件，较 2015 年分别增长 31.9% 和

36%；2018 年培养硕士生 17 万人、博士生 8.5 万人，较 2015 年分别增长 17.1% 和 15.8%（见图 3–10）。

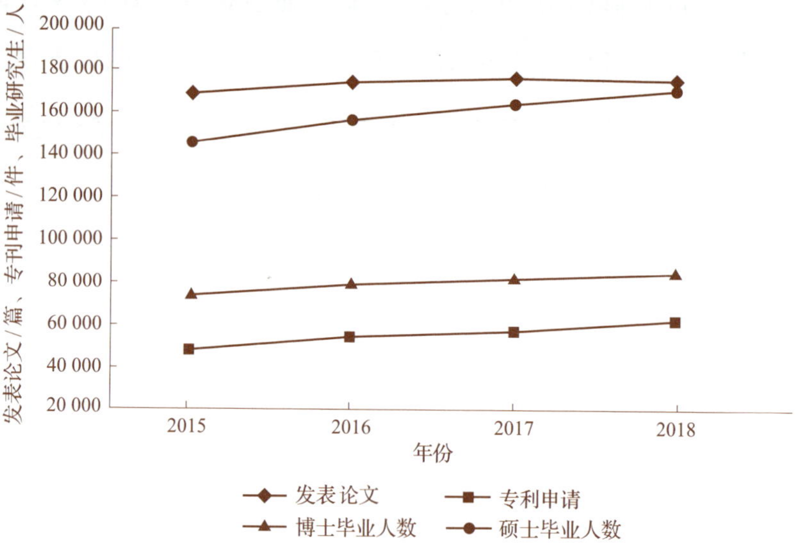

图 3–10　我国科研院所创新产出和人才培养情况

资料来源：《中国科技统计年鉴 2019》。

第二节

战略性新兴产业做大做强

党的十八大以来，我国战略性新兴产业蓬勃发展。以新一代信息技术、高端制造、生物、绿色低碳、数字创意为代表的战略性新兴产业发展规模不断壮大，发展质量不断提升，涌现出若干引领带动能力强、具有国际竞争力的龙头企业，以及一大批创新能力强、发展潜力大的中小企业。战略性新兴产业已经成为我国新旧动能接续转换的重要支撑，成为落实创新驱动发展战略的重要抓手，成为构筑区域协调发展新格局的重要助力。

一、产业发展迈上新台阶

党的十八大以来，各地区各部门深入落实党中央、国务院战略部署，不断完善政策环境，促进战略性新兴产业不断取得新进展。“十三五”以来，战略性新兴产业规模不断壮大，创新能力和竞争实力持续提升。

（一）产业规模持续快速增大

2019年战略性新兴产业增加值占GDP比重接近13%，“十三五”末期战略性新兴产业增加值占GDP比重较“十二五”末期提升5～6个百分点，产业增速持续高于经济总体增速，稳步迈向高质量发展阶段。工业方面，2015—2019年，全国战略性新兴产业规上工业增加值年均增速达到10.4%，高于同期规上全国总体工业增加值4.3个百分点。服务业方面，2015—2019年，全国战略性新兴产业规上服务业企业营业收入年均增速达15.1%，高于同时段全国规上服务业企业总体约3.5个百分点。

（二）产业竞争力不断增强

在新一代移动通信、核电、光伏、高铁、互联网应用、基因测序等领域具备世界领先的研发水平和应用能力，新能源发电装机量、新能源汽车产销量、海洋工程装备接单量等位居全球第一，北斗三号国际标准也将发布。产业出口量质齐升，2019年，战略性新兴产业重点工业行业累计出口交货值6.0万亿元，同比增长10.2%，对我国外贸出口总额增长的贡献率达到67.1%。其中，新一代信息技术产业累计出口交货值5.1万亿元，同比增长10.7%，对战略性新兴产业工业出口增长的贡献率达88.5%。“十三五”以来，战略性新兴产业龙头企业规模及实力均实现质的提升，涌现出一批富有国际竞争力的领军企业，有效发挥了对重点产业领域的带动、示范、引领作用。2019年中国战略性新兴产业企业在世界500强榜单中占有29个席位，数量较2015年增加11个。

（三）产业成为投资热点

“十三五”以来，战略性新兴产业成为全社会资金关注及投入重点。2019年，战略性新兴产业重点行业完成固定资产投资超过5万亿元，2015—2019年，投资额年均增速达到10.4%，高于同期全社会固定资产投资年均增速3.8个百分点。企业投融资能力持续增强，2016—2019年，共有480家战略性新兴产业企业在A股融资上市，占同期A股IPO企业总数的49.3%；同期，战略性新兴产业企业获得风险资本投资额（PE/VC）近3万亿元，占风险资本总投资额的7成以上。据调查显示，“十三五”以来，战略性新兴产业重点企业景气指数始终维持在较为景气区间以上，企业盈利能力持续提升，普遍保持了较为强劲的发展信心，有效支撑了经济的平稳发展。

二、重点领域取得新突破

（一）新一代信息技术产业引领发展

新一代信息技术产业竞争力不断增强。2015—2019 年，规模以上电子信息制造业增加值年增长率均保持在 9% 以上。2019 年彩电、微型电子计算机、手机等主要产品产量分别达 1.9 亿台、3.4 亿台和 17 亿部，稳居全球第一。2019 年，全国软件业务实现收入 7.2 万亿元，规模较“十二五”期末增长近 7 成。平台经济创新发展突飞猛进。“十三五”以来，一些新兴平台交易额同比实现成倍增长。网络视听平台高速发展，2019 年全国视频预付费会员用户预计增长至 2.5 亿以上。共享经济快速发展，2019 年市场交易金额达到 8.1 万亿元，较 2016 年增长 1.3 倍，共享经济参与者人数约 8 亿人，其中提供服务者人数约 7 800 万人。2019 年全国电子商务交易额达 34.8 万亿元，较“十二五”末增长近 8 成。

（二）生物产业创新步伐不断加快

生物产业规模持续增长。2016—2019 年，医药制造业营业收入年均增速达 10.7%，高于同期工业企业整体营业收入 3.0 个百分点。2019 年，医疗器械市场规模预计超 6 000 亿元，规模较

“十二五”期末增长近一倍。创新药研发势头强劲。“十三五”以来，随着生物医药企业研发能力提升、新药审批提速以及资本市场大力支持下，国内创新药研发数量及上市申请数量快速增长。2018年，我国化学创新药和生物制品新药上市申报数分别达到14个和33个，创历年之最（见图3–11）。资本市场同样十分青睐创新药企业，创新药行业融资水平保持较高水平，2018年一级市场创新药企业融资项目数量达到84个，融资金额达374.4亿元。

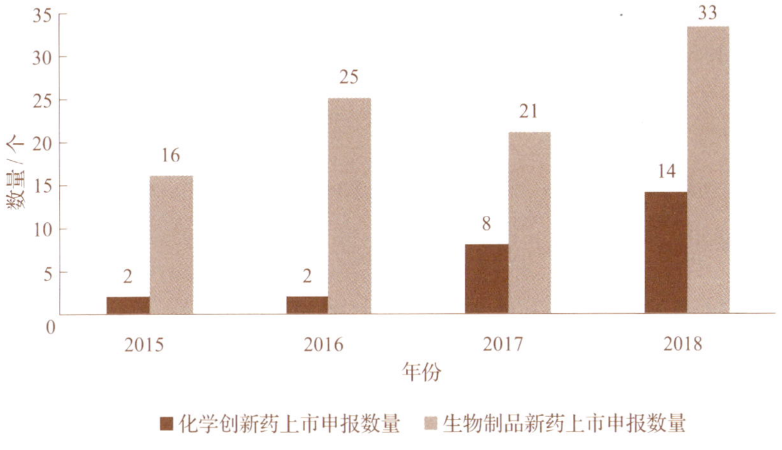

图3–11 化学药新药及生物制品新药上市申请数

资料来源：中国产业信息网。

（三）高端装备与新材料产业亮点纷呈

高端装备产业着力保障国家重大需求。我国轨道交通装备研发能力和主导产品达到全球先进水平，高铁装备出口引领中国制造逐步走向国际化高端。2019 年卫星导航与位置服务产业总体产值达 3 450 亿元，较上年增长 14.4%，其中与卫星导航技术研发和应用直接相关的产业核心产值为 1 166 亿元，在总产值中占比为 33.8%。中国海工装备接单量稳居世界第一，高铁装备制造能力和运营能力世界领先。

新材料产业发展特色明显。随着上游原材料需求的快速增长，新材料产业实现较快发展，“十三五”以来，新材料上市公司年均增长 17.9%。围绕信息、能源、节能环保、生物、航空航天以及产业革新等方面的战略需求，新材料产业实现了一批关键新材料产业化和规模应用。在基础材料技术提升与产业升级方面，钢铁、有色、石化、轻工、纺织、建材等基础性原材料重点产业实现了新型材料和技术上的突破。部分新型材料产品质量进入国际先进行列，如国内围绕大飞机金属材料的研究已经获得了大约 200 多项专利，并有效支持我国自主研发的 C919 大型客机的部分关键部件材料实现自主设计、制造。

（四）绿色低碳产业成效显著

节能环保产业规模不断壮大。2015—2019 年节能环保产业上市公司营收总额年均增速达 19.8%，高于同期战略性新兴产业上市公司整体营收增速 5.5 个百分点。2019 年，节能服务产业总产值达 5 222.4 亿元，同比增长 9.4%，产值规模较“十二五”期末增长 67%。

新能源应用规模水平不断提升。截至2019年底，风电、光伏发电以及生物质发电累计装机量分别为2.10亿千瓦、2.04亿千瓦和2 254万千瓦，装机量较“十二五”末分别提升62.8%、373.2%以及118.7%。截至2019年底，运行核电机组共47台，较“十二五”末增加17台，额定装机容量达48 751.2MWe，在建核电机组规模位列世界第一。

新能源汽车产业快速发展。我国新能源汽车产业高质量发展初露端倪，产业链环节基本完备，龙头骨干企业加速形成，燃料电池汽车开启规模化示范运营，基于共享经济理念的分时租赁等商业模式不断涌现。2019年新能源汽车销量达到120.6万辆，销量较“十二五”期末增长2.6倍，行业景气度持续保持高位。动力电池、电力驱动、电子控制、自动驾驶、车联网和电池回收利用等产业链环节不断完备，电池、电机、控制器等关键零部件完全实现国产化。

（五）数字创意产业生机勃勃

数字创意已经成为产业发展的新增长点。2019年，全国5.8万家规模以上文化及相关产业企业实现营业收入86 624亿元，比上年增长7.0%，保持平稳较快增长。文化及相关产业9个行业的营业收入均实现增长。其中，增速超过10%的行业有3个，分别是：新闻信息服务营业收入6 800亿元，比上年增长23.0%；文化投资运营221亿元，增长13.8%；创意设计服务12 276亿元，增长 11.3%。2019 年中国数字阅读用户量达 4.7 亿，数字出版产业规模超过 9 000 亿元。网络视听付费用户达 5.47 亿户，网络视听收入超 1 700 亿元。游戏市场用户规模达到 6.4 亿人，实际销售收入 2 308.8 亿元。

三、高效聚集打造新格局

近年来，战略性新兴产业集群建设成为推动产业高质量发展的重要抓手，加快建设一批战略性新兴产业集群，产业集群在产业链上下游的资源整合优势日益发挥，强健产业链、优化价值链、提升创新链，形成产业链竞争的整体优势，东中西部产业转移和错位发展有序推动，形成“链式整合、园区支撑、集群带动、协同发展”的新格局。

（一）区域产业格局更趋优化

战略性新兴产业不仅在东部沿海地区和经济发达地区集中发展，在中西部地区近年来也实现快速崛起。各区域内特色产业集聚区不断涌现，成为区域经济重要增长极，并持续驱动经济转型升级。东部区域，以广州、深圳为核心的珠三角地区，移动互联网、新能源汽车、生物、数字创意等产业蓬勃发展，大量新技术、新业态、新产业快速兴起；以上海为核心的长三角地区在新一代信息技术、高端装备与新材料、新能源等领域拥有一批实力较强的龙头企业，产业体系完备，产业基础雄厚；以北京为核心的京津冀地区依托大院大所集聚等优势，在互联网、生物医药、航空航天、节能环保等领域发展较快，涌现出若干影响力较大的产业集聚区，发挥了全国新兴产业创新策源地的作用。东北区域，形成了航空装备、智能制造以及生物医药等特色集群，成为拉动经济增长的重要引擎。中西部区域，形成了以武汉光谷为代表的信息产业集聚区以及以长株潭为代表的高端装备产业集聚区。与此同时，以成都、重庆为双核的成渝板块，正成为全国战略性新兴产业新增长极，并有力支撑了中西部地区经济转型升级。

（二）重点领域优势集群加速形成

“十三五”以来，战略性新兴产业重点领域实现全面发展，并呈现集聚发展特征。信息技术领域，形成珠三角、长三角、环渤海、部分中西部地区四大信息产业集聚区；高端装备制造领域，形成北京、河北、辽宁和山东等环渤海地区和以上海、江苏和浙江为核心的长三角地区两大集聚区，同时四川、陕西、湖南和山西等部分中西部地区的高端装备制造业也呈现快速发展态势；新材料领域，产业“东部沿海集聚，中西部特色发展”的空间布局框架拉开，其中，西部地区主要从事原材料生产，环渤海地区聚焦于研发，东部及中部地区主要承担原材料加工，长三角、珠三角主要承担下游应用与销售；生物领域，以长三角、环渤海地区为主导，珠三角、东北、成渝、长株潭、武汉城市圈等区域分布式发展的空间格局初步成型，重点集聚区内医药成果转化、疫苗生产、制剂研发等细分行业领域发展迅速；节能环保领域，主要集中在环渤海、长江经济带和珠三角三大区域，江苏、浙江、山东、广东、上海、北京、天津等省市的节能环保产值占全国的50%以上；新能源领域，初步形成了以环渤海区域、长三角区域等为核心的东部沿海新能源产业集聚区，在中西部的一些区域，如江西、河南、四川、内蒙古、新疆等省区，新能源产业发展态势良好，形成了中西部新能源产业集聚区；新能源汽车领域，初步形成了以深圳和广州为核心的珠三角集聚区，以江苏、上海、浙江为核心的长三角集聚区，以北京、河北等地为核心的环渤海集聚区，以及以陕西和四川为核心的中西部集聚区；数字创意领域，目前已初步形成六大数字文化创意产业聚集区，包括首都数字文化创意集聚区，以上海、杭州、苏州、南京为核心的长三角集聚区，以广州、深圳为代表的珠三角集聚区，以昆明、丽江和三亚为代表的南部集聚区，以重庆、成都、西安为代表的川陕集聚区，以武汉、长沙为代表的中部集聚区。

（三）国家战略性新兴产业集群发展工程深入推进

2012年，国家发展改革委、财政部联合印发《关于推进区域战略性新兴产业集聚发展试点工作的指导意见（试行）》，在该意见指导下，国家发展和改革委员会于2013年、2014年先后批准设立两个批次战略性新兴产业集聚发展试点共24个。其中，第一批 14 个，主要分布在江苏、安徽、湖北、广东四省市；第二批 10 个，主要分布在北京、上海、哈尔滨、石家庄、厦门、株洲等 10 个城市。行业领域主要集中在新一代信息技术、生物、高端装备制造、新能源、新材料、新能源汽车等六大领域 12 个重点方向。总体看，通过推进战略性新兴产业集聚区建设试点工作，大大促进了地方培育发展战略性新兴产业的积极性，各地通过体制机制创新、投融资政策、人才资金扶持、市场开拓机制、国际化发展机制、相关组织保障等多方面的措施鼓励战略性新兴产业集聚区发展，取得良好效果，一批战略性新兴产业集聚区加速发展、产业规模快速扩大、关键核心技术加快突破、产业链不断完善、集聚效应逐步显现。

2019 年 10 月，国家发展改革委印发《关于加快推进战略性新兴产业产业集群建设有关工作的通知》，确定了第一批 66 个国家级战略性新兴产业集群。聚焦集群内产业领域龙头企业，强化科技创新支撑力度、突破关键核心技术，推动前沿和关键技术产业化；聚焦集群内产业链薄弱环节和产业链重点配套企业，推动产业链关键环节及相关配套能力建设；聚焦集群内产业发展所需的公共服务机构和平台，提升产业集群智能化、数字化、网络化发展水平，支持各地结合优势、特色做大做强战略性新兴产业集群。

第三节

数字经济蓬勃发展

我国网络强国战略深入实施，数字中国、智慧社会建设取得积极成效，数字经济蓬勃发展，基础不断夯实。产业数字化迅速推进，数字技术与实体经济加速融合，各行业数字化转型升级进度明显加快，数字化治理取得显著成效，数字经济规模稳居世界第二位，全球数字经济大国地位更加稳固。

一、数字经济发展基础不断夯实

经过长期积累，我国数字经济发展基础持续强化，已形成相对完备的技术体系、产业体系和应用基础，构建了先进的信息网络，为推动数字经济发展实现从数量扩张向质量提高的战略性转变，奠定了坚实基础。

（一）网络信息技术创新不断加强

我国持续推进“宽带中国”战略，网络信息技术创新能力持续增强，产业能力显著提升，支持技术和产业发展的自主创新体系加速形成。

新兴前沿技术加速创新。人工智能技术蓬勃发展，机器学习等技术不断取得探索突破。区块链底层技术创新日益活跃，技术成熟度不断提升。以窄带物联网（NB-IoT）为代表的移动物联网快速发展，目前，窄带物联网已经正式纳入全球5G标准。

企业与产业实力明显提升。形成一批具有全球影响力的数字经济龙头企业。2019年，我国境内外互联网上市企业总数为135家，同比增长12.5%，总市值为11.12万亿人民币，同比增长40.8%。产业发展质量持续优化，智能手机高端化进展加快，全球竞争力日益增强。

（二）数字基础设施加快部署

我国大力推动数字经济和实体经济融合发展，加快构建高速、移动、安全、泛在的新一代信息基础设施，推动传统基础设施数字化、智能化改造升级，加快形成万物互联、人机交互的网络空间。5G、大数据中心加速布局，不断打牢数字经济高质量发展的基础。图3-12为2013—2019年互联网业务收入增长情况。

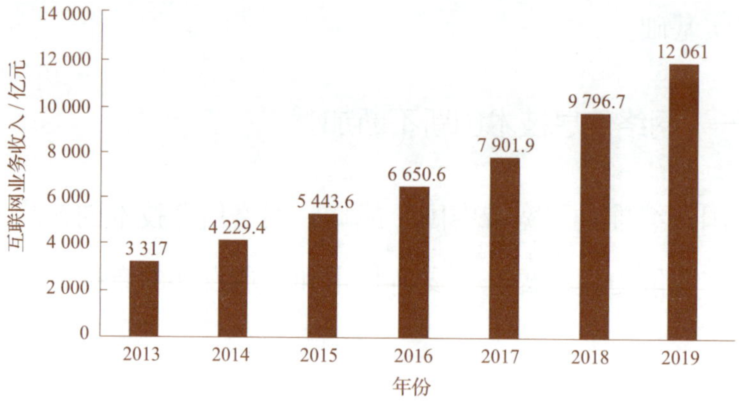

图 3-12　2013—2019 年互联网业务收入增长情况

资料来源：工业和信息化部，工信数据统计分析。

网络覆盖大幅拓展。我国已建成全球最大的通信网络。4G 网络基站总规模占全球一半以上，用户总数达 12.8 亿户，全国行政村 4G 通达率超过 98%。固定宽带用户突破 4.5 亿户，人口普及率位居全球前列。5G 网络建设稳步推进，我国已在多个城市、多个行业启动 5G 试点，孵化出一批创新应用。特别是新冠肺炎疫情期间，5G 融合应用加速推进，5G 远程医疗、教育、办公等应用为阻止疫情传播和保障复工复产发挥了重要作用。截至 2020 年 6 月底，我国 5G 基站累计超过 40 万个；截至 7 月底，5G 终端连接数已达 8 800 万。工业互联网步入发展快车道。网络基础不断强化，高质量外网加快建设，内网改造不断推进，五大标识解析国家顶级节点稳步运行，标识注册量突破 37 亿个。

服务能力快速提升。国内前十大跨行业跨领域工业互联网平台连接近 800 万台工业设备，应用场景不断丰富，已覆盖机械、钢铁、电子、石化、能源等 30 余个重点行业。云计算、数据中心加速发展。截至2019年底，国内数据中心机架数量达227万架，市场规模超过1 562亿元，超大型、大型数据中心增速加快，利用率和能效水平不断提升。云计算服务业务逐渐成熟。物联网用户爆发式增长，机器联网（M2M）用户达9.7亿户，占全球的比重超60%，其中NB-IoT连接数已经过亿。

（三）数据资源体系建设成效明显

我国持续加大数据资源共享开放力度，加快推动数据资源融合应用，有力促进了以数据为关键要素的数字经济蓬勃发展。

数据生产能力显著提升。近年来，我国已积累了丰富的数据资源，又具有良好的信息产业基础，在以数据为关键要素的数字经济全球竞争中，具有技术和应用上的双重优势。随着信息基础设施建设提速以及数字政府、智慧城市、智慧农业、智慧物流等一系列数字化转型工作的推进，数据资源将进一步快速增长。据海外机构估计，我国数据规模年均增速超过30%，预计到2025年，我国数据生产量将达到48.6ZB，全球占比将达到27.8%，成为数据量最大、数据类型最丰富的国家之一。

数据共享开放成效明显。随着政务信息系统整合共享工作的推进，全国政务信息共享的大动脉基本打通。建成了国家数据共享交换平台体系，实现71个部门、32个地方全面接入，面向全国各级政务部门发布1 300余个数据共享服务接口，提供在线数据查询核验超过10亿次，支撑跨部门、跨地区数据共享交换量达997亿条次，初步实现了 62 个部门和 32 个地方的网络通、数据通、业务通，有力支撑各级政府部门数据共享和业务协同。公共数据资源开放工作稳步推进，数据开放范围和质量得到进一步深化。

二、数字经济与实体经济加速融合

互联网、大数据、人工智能与实体经济在更广范围、更深层次融合创新，推动实体经济数字化、网络化、智能化升级。数字产业化加速推进，产业数字化增长迅猛，作为数字经济增长主引擎的地位不断凸显（见图 3–13）。

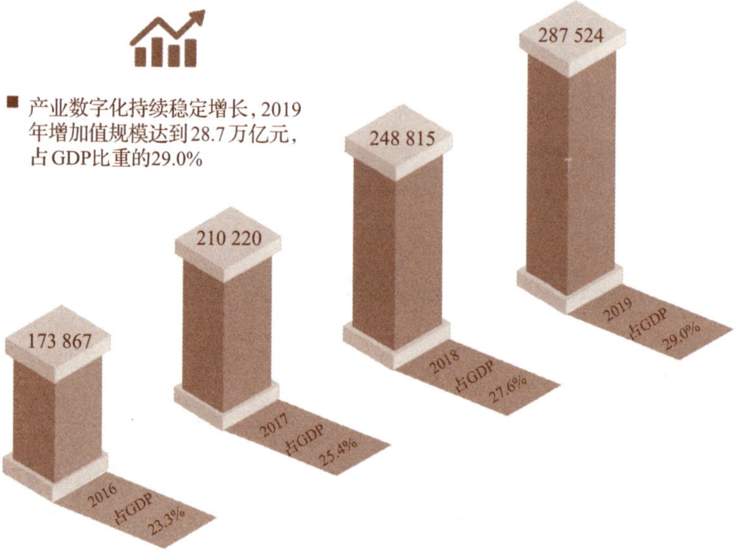

图 3–13　我国产业数字化发展情况

资料来源：中国信息通信研究院《中国数字经济发展白皮书（2020年）》。

（一）产业数字化和数字产业化加速推进

工业数字化转型成效显著。从转型进展看，我国工业领域数字化转型水平与发达国家比差距不断缩小。新一代信息通信技术与实体经济融合应用创新动能不断释放。已培育工业互联网平台超过百个，重点平台的平均工业设备连接数突破 69 万台、平均工业模型数突破 1 100 个、平均工业 App 数达到 2 120 个。国家、省、企业三级工业互联网安全技术监测服务平台加快建设，目前已覆盖 8 个重点工业领域、10 万余企业，初步实现工业互联网安全态势可感可知。

农业数字经济渗透不断加强。农业农村信息化步伐明显加快，农业生产智能化、经营网络化、服务在线化水平不断提高。农村电商发展势头迅猛。据统计，2019 年全国农产品网络零售额达到 3 975 亿元，同比增长 27%，带动 300 多万贫困农民增收。农村一二三产业融合发展成效显著，数字农业、农村电子商务快速发展，农业物联网、农业大数据等试点示范有序开展。

服务业领域数字经济领先发展。新模式新业态表现活跃，继续引领产业数字化转型步伐。数字技术正在不断驱动商业、支付、物流与服务全面变革，网络购物、移动支付等新消费模式不断成长和壮大。2019 年我国网络零售总额突破 10.6 万亿元（见图 3–14），同比增长 16.5%，移动支付交易规模超过 277 万亿元，位居全球首位。物流配送、在线金融服务、数据资源支撑等配套体系不断完善，互联网正在进一步重构商业生态，催生线上线下融合的新零售等全新产业形态，形成了全新的商业格局。

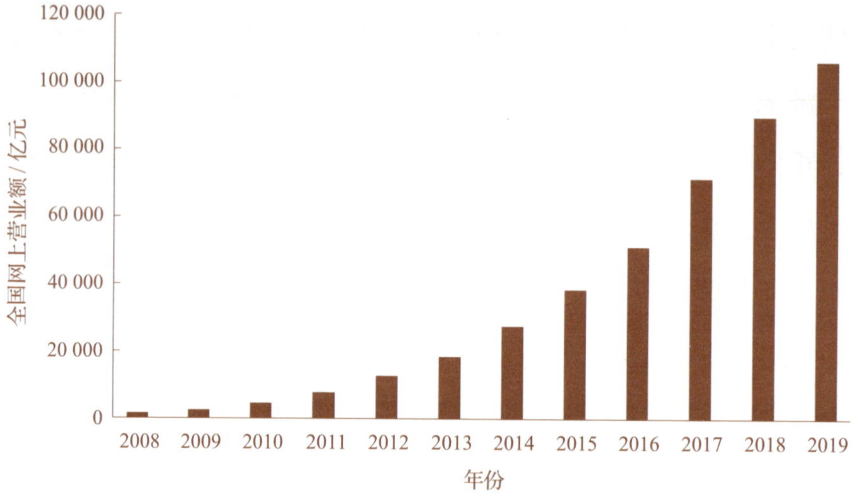

图 3–14 我国电子商务发展情况

资料来源：中国信息通信研究院《中国数字经济发展白皮书（2020年）》。

» 专栏 3-6

数说"数字化转型伙伴行动"

一、2020 年 5 月

17+6+62+29+26+5：国家发展改革委联合 17 个部门、6 个国家数字经济创新发展试验区、62 个互联网平台企业和行业龙头企业、29家金融机构、26个高校和科研院所、5个行业协会，共同发起数字化转型伙伴行动，共同帮扶中小微企业脱困纾困、转型升级。

500+300+4 000+10 000+10 000 000：首批提出500余项帮扶举措，300余项减免费服务，提供帮扶资金近4 000亿元，开放上万项数字化转型培训课程，提供支撑1 000万家中小微企业转型的服务能力。

二、2020年7月

20 000：覆盖近2万个村庄；

100 000：覆盖10余万所学校；

1 000 000：新增就业近100万人；

3 000 000：服务300万家中小微企业；

5 000 000：服务500多万家商户；

20 000 000：累计投放贷款超过2 000亿元；

100 000 000：上亿用户受益。

数字产业化发展稳健。2019年，数字产业化增加值规模达到7.1万亿元，占GDP比重7.2%。数字产业化各行业稳步发展。电信业基础支撑作用不断增强，2019年电信业务收入累计完成1.31万亿元。软件和信息技术服务业平稳增长，全国软件和信息技术服务业规模以上企业超过4万家，累计完成软件业务收入7.2万亿元。互联网和相关服务业创新活跃，业务模式不断创新拓展，2019

年我国规模以上互联网和相关服务企业完成业务收入 12 061 亿元。大数据产业迈入发展快车道，一大批大数据产业园相继落地，大数据产业生态加速成熟。2018 年大数据产业整体规模已达 4 384.5 亿元，预计到 2021 年将达到 8 070.6 亿元（见图 3–15）。

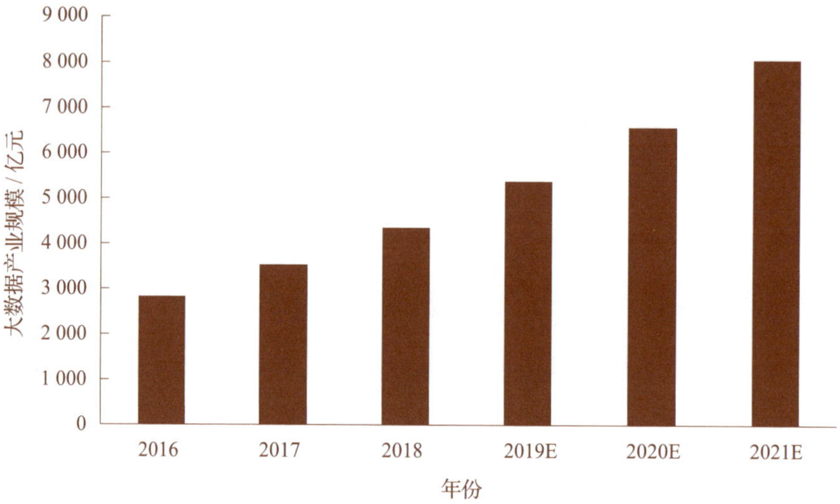

图 3–15 大数据产业规模发展情况

资料来源：中国信息通信研究院《2019中国大数据产业发展白皮书》。
注：图中2019—2021年数据为预测数。

（二）社会民生服务能力大幅增强

“互联网 + 交通”“互联网 + 教育”“互联网 + 医疗”“互联网 + 文化”等领域创新应用不断涌现，不断提升公共服务均等化、普惠化、便捷化水平，极大地增进了民生福祉。

“互联网 + 社会服务”加速推进。互联网对促进教育、医疗健康、养老等有限公共服务资源扩大供给、均衡普惠、优化质量的作用持续凸显，社会服务的数字化、网络化、智能化发展已经成为必选项。线上线下融合的新型社会服务模式扩大了社会服务半径，增强了服务可及性。有限的社会服务资源实现了均衡分布，信息技术助力提升了社会服务质量。比如，互联网医疗平台通过与医保、购药等环节联动，让偏远地区也享受到更加便捷的服务，促进医疗普惠服务。一些机构推出线上教育新模式，包括个人直播、录制授课、慕课授课，不断提升用户体验满意度。在医疗领域，很多传统的线下医院不仅提供线上预约就诊、结果查询服务，也开通了互联网咨询、网上售药等方便群众看病的新方式。

网络助力精准脱贫。网络信息技术的应用，尤其是互联网，为扶贫工作提供了新思想、新工具和新视角。我国深入实施网络覆盖工程、农村电商工程、网络扶智工程、加快推进信息服务工程、网络公益工程等五大网络扶贫工程，利用网络信息技术，引入全社会力量，全方位多角度推动贫困人口精准脱贫。如我国充分利用大型电商平台推广“贫困户 + 地方产业 + 电商平台”模式，不仅加强了品牌建设，还提高了农产品的销量。2020 年一季度，电商直播超过 400 万场，100 多位县长、市长走进直播间为当地产品“代言”。全国 832 个国家级贫困县农村电商实现逆势增长，农产品网络零售额 83.2 亿元，同比增长 49.7%。截至 2020 年 3 月，全国农村网商已经接近 1 200 万家，吸引了大批农民工、大学生、退伍军人返乡创业，累计带动就业人数超过 3 000 万人。

专栏 3-7

网络扶贫试点

为贯彻习近平总书记关于扶贫工作的重要指示精神，落实网络扶贫行动计划，2016年以来，国家发展和改革委员会同中央网信办、国务院扶贫办，组织江西、重庆、四川、贵州、西藏自治区、陕西、甘肃等7个省区市，按照“上下联动、政企合作、分步递进、突出重点”的思路，开展网络扶贫试点省工作，发挥互联网在助力精准扶贫、精准脱贫工作中的重要作用。

试点省紧紧围绕到2020年实现全面脱贫的目标，优先瞄准贫困村、贫困户，充分发挥互联网的先导力量和驱动作用，注重贫困地区农产品上行，率先组织实施网络覆盖工程、农村电商工程、网络扶智工程、信息服务工程、网络公益工程等五大工程，探索建立“七个一”网络扶贫信息服务体系，研究制定实施网络扶贫行动的相关政策、机制和标准等，为在全国推进网络扶贫行动提供实践基础和经验借鉴。

三、数字化治理环境持续优化

我国数字经济治理环境不断优化，在运用大数据提升国家治理现代化水平，建立健全大数据辅助科学决策和社会治理的机制，推进政府管理和社会治理模式创新，实现政府决策科学化、社会治理精准化、公共服务高效化等方面取得积极进展。

（一）数字政府建设步伐加快

在“放管服”改革的大力推动下，网络信息技术与政府治理深度融合发展，我国数字政府建设取得积极进展。

“互联网＋政务服务”取得突破性进展。利用互联网驱动政府治理中各环节、各要素互联互通，进一步促进服务便捷化、资源均等化。企业和群众找政府办事更加便捷，“最多跑一次”等创新典型不断涌现，政务服务创新改革不断取得新成效。全国一体化在线政务服务平台上线运行，优化统一申办受理，推动线上政务服务全程电子化。国家“互联网＋监管”平台主体功能上线，实现对违法行为早发现、早提醒、早处置。2018 年，国家相关部门联合启动了“群众办事百项堵点疏解行动”，推动各地政府以信息化、信息共享手段，解决企业和群众反映强烈的 100 项堵点问题，并实现全国范围内的有效疏解。“让数据多跑路、让群众少跑腿”进入实质性落实的新阶段，一批创新模式和典型经验在更多地区得到推广应用。

（二）新型智慧城市建设深入实施

近年来，大数据、云计算、人工智能、5G、区块链等新技术加速应用到城市治理领域，新型智慧城市已经进入全面落地的新阶段，网络信息技术等多要素全面驱动城市治理朝着更加人性化、智能化、便捷化的目标持续提升。

“数据驱动”城市治理模式创新。将大数据引入城市治理，充分挖掘大数据价值，利用数据驱动城市管理决策手段更加全面科学，治理模式得到不断创新。一方面，可以将数据信息、政策仿真、社情民意呈现在决策者面前，揭示出传统方式难以展现的关联关系，为城市治理带来重要突破，形成“用数据说话、用数据决策、用数据管理、用数据创新”的管理机制。另一方面，通过高效采集、有效整合、深化应用政府数据和社会数据，将市场监管、检验检测、违法失信、企业生产经营、销售物流、投诉举报、消费维权等数据进行汇聚整合和关联分析，统一公示企业信用信息，预警企业不正当行为，提高事中事后监管的针对性、有效性。

“智力驱动”城市治理质量提升。人工智能技术及其应用可以整合城市的各种系统和服务，提升资源利用的效率、优化城市管理和服务，正在改变人们的生产和生活方式，推动城市治理向纵深方向发展。一方面，人工智能在教育、医疗卫生、家政服务等领域的深度应用，为满足公共服务精准化提供了有力支撑。另一方面，人工智能技术及其应用可以整合城市的各种系统和服务，提升资源利用的效率、优化城市管理和服务，正在改变人们的生活方式，推动城市治理向纵深方向发展。人工智能技术优化城市管理水平，推动城市高效化智慧化发展。在人工智能加持下，管理人员可以对城市各个角落进行实时精准管控，快速整合分配城市资源，让城市运转更顺畅。例如，某地城市大脑通过人工智能调度城市交通有效提升出行效率，在全国最拥堵城市的排名从 2016 年的第 5 名下降到 2018 年的第 57 名。

（三）数字经济发展环境持续优化

政策体系正在逐步健全。“互联网 +”、大数据、电子商务、电子政务等领域顶层设计不断完善。国务院先后印发《促进大数据发展行动纲要》《政务信息资源共享管理暂行办法》《政务信息系统整合共享实施方案》等文件。互联网立法取得重大进展，《电子商务法》自 2019 年起正式施行，有效保障了电子商务各方主体合法权益，规范电子商务行为，维护市场秩序，促进电子商务持续健康发展。

监管方式持续创新。创新事中事后监管，在国务院的统筹部署下，各行业逐步建立并完善信用分级分类监管，各地区、各部门以信用风险为依据优化配置监管资源，大幅增强了守信企业的便利度和获得感，同时也大幅提升了监管精准性和有效性。2019 年海关总署对信用状况好的高级认证企业平均查验率只有 0.54%，对失信企业则高达96.29%。纳税信用评级为A级的一般纳税人可单次领用3个月的增值税发票用量，D级纳税人普通发票的领用实行交（验）旧供新、严格限量供应；C级、D级纳税人不能享受资源综合利用产品和劳务增值税即征即退政策。包容审慎促进新业态新模式发展壮大，制定出台促进数字经济新业态新模式发展的指导意见。依托国家数字经济试验区建设，推进政策体制改革试点营造包容环境。重视机制建设，构建多元共治格局，在数字经济发展中建立有效的统筹推进体系，广泛吸引社会力量参与，形成多元共治的推进与保障机制。

专栏 3-8

数字经济创新发展试验区建设深入推进

为深入贯彻落实党中央、国务院关于数字经济发展的战略部署，结合各地数字经济发展基础，2019年10月，国家发展改革委、中央网信办印发《国家数字经济创新发展试验区实施方案》（发改高技〔2019〕1616号），在全国布局了6个数字经济创新发展试验区。鼓励国家数字经济创新发展试验区先行先试，打造数字经济发展新优势。

网络安全保障体系日趋完善。《网络安全法》实施以来，我国持续推进相关配套法规政策制定。为保障金融、能源、通信、交通等事关国民经济发展和社会安全，出台了《网络安全审查办法》，进一步加大关键信息基础设施供应链安全保护力度。《信息安全技术网络安全等级保护基本要求》《信息安全技术个人信息安全规范》等法律法规相继发布实施，有力应对数据泄露、滥用等带来的挑战。以维护公民个人隐私、保护重要数据安全为重点的《个人信息保护法》等法律法规正在制定，彰显了人民当家作主的制度保障和法治保障，公民合法权益得到有效保障。

四、“数字丝绸之路”成为扩大开放新亮点

“数字丝绸之路”是数字经济和共建“一带一路”倡议的有机结合，是共建“一带一路”倡议走向更开放的创新结果，也是数字经济全球化发展的必然产物。经过多年的努力与奋进，“数字丝绸之路”从理念转变为行动，从远景转变为现实，发展成就世界瞩目。

（一）政策沟通

我国已与塞尔维亚、土耳其等 16 个国家签署了“数字丝绸之路”建设合作谅解备忘录，深化数字经济务实合作。通过依托“一带一路”国际合作高峰论坛等平台，推进与“一带一路”国家在“数字丝绸之路”建设合作领域的交流合作。鼓励开展研究合作，

推动与老挝、哈萨克斯坦等国家的行业机构联合开展数字经济发展政策研究。鼓励开展企业间合作，推动与捷克、哈萨克斯坦等国家开展项目合作，增强了“一带一路”沿线国家共建“数字丝绸之路”的获得感。

（二）设施联通

亚太直达国际海底光缆建成运营，中越中缅跨境光缆完成扩容，中吉塔阿“丝路光缆项目”稳步实施，中国—东盟信息港、中阿网上丝绸之路经济合作试验区等建设顺利起步，我国与“一带一路”沿线 12 个国家建成 34 条跨境陆缆和多条国际海缆，大幅提升了沿线国家信息基础设施互联互通水平。

（三）贸易畅通

大力发展“丝路电商”，推进与“一带一路”共建国家的电子商务合作。目前，我国的商品通过电商平台销往俄罗斯、泰国、埃及、沙特等 54 个“一带一路”沿线国家，超过 50 个沿线国家商品也通过电商平台走进了中国的千家万户。信息服务合作加快发展，我国数字经济企业与沿线国家企业共同开展数据分析、云计算等数字服务，为当地企业数字化转型升级注入强大动力。

（四）资金融通

我国电子支付企业加快国际化步伐，与“一带一路”沿线国家相关机构共同合作，提供了便捷化的支付服务方式，推进普惠金融发展。我国金融科技企业通过数字技术驱动金融创新，为沿线国家和地区的资金融通注入新活力。我国银行业优化海外布局、促进产融结合、强化金融合作，提供便利性支持、投行服务等金融保障服务。

（五）民心相通

我国与沿线国家在数字内容创作、新媒体等方面搭建交流合作平台、开展交流推广活动。“一带一路”阿拉伯国家智能互译平台、电子书及版权交易等平台落地应用，进一步促进了沿线各国文化互通互信。发布数字丝绸之路案例集《数字点亮丝路之光》，生动展示了与相关国家的合作硕果。

第四节

区域创新高地加快建设

党的十八大以来，我国区域创新发展战略稳步推进，区域创新高地加速涌现，科技创新中心建设取得重要进展，综合性国家科学中心建设全面加速，梯次接续、布局合理的区域创新发展新引擎初步形成。

一、科技创新中心建设取得重要进展

建设北京、上海、粤港澳大湾区3个科技创新中心是习近平总书记亲自谋划、亲自部署、亲自推动的战略任务。在以习近平同志为核心的党中央坚强领导下，各有关地方和部门齐心协力，开拓进取，坚定实施创新驱动发展战略，大力推进科技创新中心建设，在重大科技基础设施、世界一流学科和人才、产业创新高地建设以及体制机制创新改革方面取得了明显成效。

（一）北京全国科技创新中心建设成果丰硕

党的十八大以来，习近平总书记始终关心首都发展的全局性、战略性问题，明确北京“四个中心”的城市战略定位，强调北京要依靠科技和人才优势，建设具有全球影响力的科技创新中心，打造北京经济发展新高地。2016 年 9 月 18 日，国务院印发《北京加强全国科技创新中心建设总体方案》。“十三五”以来，北京全国科技创新中心建设不断推进，“三城一区”平台建设显现新格局，体制机制创新实现新突破，高质量发展积蓄新动能，科创中心建设工作取得重要进展。

“三城一区”引领作用逐渐凸显，呈现加速领跑格局。中关村科学城成为自主创新的主要阵地和原始创新的策源地，经济效益和科技效益持续增长，规上企业总收入连续五年保持 10% 以上的增速。怀柔科学城建设取得重要突破，一批科技成果转化项目加速落地，创新要素加速集聚，国际知名度显著提升。未来科学城全面提速，初步集聚一批产业项目。北京经济技术开发区成为“三城”科技成果转化承载区、高精尖制造业主阵地，2019 年规模以上工业总产值达到成 4 200 亿元，同比增长 10%。规模以上高新企业研发投入 135 亿元，同比增长 8.2%。“三城一区”的互动、协同作用也愈发凸显。

综合创新能力进一步增强，一批重量级原创成果竞相涌现。研发投入稳步提升。2019 年北京全社会科学研究与试验发展 R&D 投入总额超过 2 000 亿元，比 2015 年增长了 55%；全社会 R&D 投入强度占全市生产总值比重维持在 6%。创新人才集聚效应增加。在京两院院士 785 人，占全国的 1/2 左右。创新产出显著增加。全市 2019 年技术成交合同额为 5 695.3 亿元，比 2015 年增长了 65%，在全国占比近三成。全市 2019 年专利申请量为 22.6 万件，比 2015 年增长了 7 万件；全市 2019 年专利授权量为 13.2 万件，比 2015 年增长了将近 4 万件。2015—2018 年间北京市科技成果登记数为 4 246 项，获国家技术发明奖 77 项，国家科学技术进步奖 211 项。重大标志性原创成果涌现，首次在全球发现三重简并费米子，首次探测到双粲重子，成功研制国际上首个纳米药物输送机器人，发布世界首个医学影像专用 AI 处理器。

创新发展新动能加快成长，创新创业环境不断优化。产业结构持续优化。2019 年北京市新经济增加值占全市地区生产总值 36.1%，科技服务业达万亿级规模，跃升成为服务业第二大行业。2019 年高技术制造业、战略新兴产业产值分别为 8 630.6 亿元和 8 418.4 亿元，分别占全市生产总值的 24.4% 和 23.8%。创新创业环境不断完善。截至 2019 年底，北京市众创空间、科技企业孵化器和大学科技园等科技孵化服务机构超过 400 家，相应的服务企业超过 2 万家。国家级双创示范基地达 20 个，约占全国的 1/6，私募投资机构和创业投资机构约 3 900 家。

（二）上海全球科技创新中心建设成绩斐然

习近平总书记指出，上海“要加快向具有全球影响力的科技创新中心进军”，强调要在增强创新策源能力上下功夫，加强科技创新前瞻布局，聚焦关键领域，集合精锐力量，尽早取得重大突破，全面提升上海在全球城市体系中的影响力和竞争力。[1] 2016 年 2 月，国务院印发《上海系统推进全面创新改革试验加快建设具有全球影响力的科技创新中心方案》。“十三五”以来，上海深入实施创新驱动发展战略，加快建设具有全球影响力的科技创新中心，创新策源能力持续增强，高质量创新资源加快集聚，创新链与产业链加快融合，创新创业生态加快优化。

创新投入不断增强，成果持续涌现。2019 年，全市研发投入达 1 500 亿元，比 2015 年增长 38.3%，研发投入强度达 4%。2019 年专利申请量 17.36 万件，发明专利 7.14 万件，比 2015 年增长 33.6%。2019 年上海在《细胞》《自然》《科学》发表高质量论文 87 篇，占全国总数的 28.4%。上海量子科学研究中心揭牌成立。中以创新园开园运营。启动国际人类表型组（一期）、硅光子、量子信息技术等 9 个市级科技重大专项。科技金融服务企业作用进一步发挥。“科创板”于 2019 年 6 月 13 日正式开板。国家知识产权运营

[1]《习近平在上海考察时强调 坚定改革开放再出发信心和决心 加快提升城市能级和核心竞争力》，《人民日报》2018 年 11 月 8 日。

公共服务平台国际运营（上海）试点平台启动运营，达成知识产权交易及服务额 5.5 亿元。成立上海国际知识产权运营联盟，吸引 90 家国内外机构加入。

战略性新兴产业支撑引领作用凸显。2019 年，战略性新兴产业增加值 6 133.22 亿元，比上年增长 8.5%。战略性新兴产业增加值占上海市生产总值的 16.1%，比上年提高 0.4 个百分点。集成电路产业创新高地建设稳步推进，国家智能传感器创新中心已启用。人工智能产业创新高地建设高位推进，启动建设全国首个人工智能创新应用先导区、上海国家新一代人工智能创新发展试验区、上海马桥人工智能创新试验区。生物医药产业创新高地加快建设，全球首台全景动态 PET-CT 成像系统进入临床试验。首款肿瘤电场治疗产品在香港上市，成为全球首个经美国 FDA 批准的肿瘤电场治疗产品。其他领域，国产 C919 大飞机 104、105 架机实现首飞。"东方红 3 号""雪龙 2 号"科考船交付。首艘国产大型邮轮 2019 年 10 月开工建造，海洋工程装备设计能力不断提升。洋山深水港智能重卡示范运营项目实现全球首条无人驾驶集卡线路示范运行。

开放协同创新网络加快构建。开放创新合作程度不断加深。2019 年 9 月，正式成立国际人类表型组研究院。2019 年 11 月，举办介观脑联接图谱国际研讨会，为发起国际大科学计划奠定了良好基础。2019 年 11 月，公安部与上海市政府签署合作备忘录，先行先试移民管理政策措施。上海已累计引进跨国公司地区总部 720

家，研发中心 461 家。截至 2019 年 12 月，上海市已办理外国人工作许可证 78 632 份，外国高端人才确认函 281 份。区域协同创新日益深化。制定“长三角双创示范基地联盟”章程。长三角一体化战略新兴科创基金落户临港新片区，首期规模 100 亿元。国际人才服务中心科创分中心揭牌，提供 18 项人才“一门式”服务，在沪两院院士达 181 人。

（三）粤港澳大湾区国际科技创新中心建设顺利起步

2017 年 7 月 1 日，习近平总书记在香港亲自见证国家发展改革委与粤港澳三地共同签署《深化粤港澳合作推进大湾区建设框架协议》，粤港澳大湾区建设吹响了冲锋号角。2018 年 7 月，党中央、国务院印发实施《粤港澳大湾区发展规划纲要》，明确将粤港澳大湾区打造成“具有全球影响力的国际科技创新中心”。大湾区国际科技创新中心建设顺利起步，成果初显。

创新投入不断加强。研发投入持续加强。2019 年，广东 R&D 经费超过 2 800 亿元，同比增长约 15%，占 GDP 比重达 2.8%。重大科技基础设施建设取得突破性进展。总投资 23 亿元的中国散裂中子源，于 2018 年 8 月 23 日在广东东莞通过国家验收，投入正式运行；投资 20 亿元的江门中微子实验站正按计划推进建设；投资逾 5 亿元的新型地球物理综合科学考察船于 2018 年 11 月 16 日开工；投资逾 16 亿元的惠州强流重离子加速器装置于 2018 年 12 月 23 日正式开工建设。

创新机制和政策对接成效初显。在资金流动方面，国家重点研发计划“干细胞及转化研究”“纳米科技”“量子调控与量子信息”等 9 个基础前沿类专项全部向港澳开放，中央财政科研经费已经过境支持港澳国家重点实验室建设。在人才流动方面，为外籍高层次人才、优秀青年、管理及技术人才在大湾区工作生活、创新创业提供出入境、口岸签证和长期居留便利。在科研用品流动方面，海关将检疫审批时限由 20 个工作日压缩到 10 个工作日，将低风险特殊物品审批许可权限下放至部分具备条件的隶属海关。在设备数据流动方面，港澳科研设备过关免办强制性产品认证，大型科研设备实施 24 小时预约、“即报即放、到厂检验”通关。国家超算广州中心分别开通与香港澳门间的网络连线，服务港澳地区用户近 200 家。

中试成果转化基地建设加快推进。广州已建成了 3 100 多个省级以上创新平台，形成以科学研究平台、技术研发平台为主，创新孵化平台及科技公共服务平台为支撑的多层次、宽领域的创新平台体系。拥有国家工程研究中心（实验室）14 家，国家级企业技术中心 27 家，国家重点实验室 20 家。各类省级工程中心 956 家，市级企业研发机构 2 425 家。省级重点实验室 233 家，市级重点实验室 165 家。国家级、省级大学科技园 8 个。众创空间总数 214 家（其中国家级 53 家），科技企业孵化器总数 306 家（其中国家级 26 家）。广州市与中科院签订合作协议共同建设规划总面积 99 平方公里的南沙科学城及其核心区明珠科学园。

二、综合性国家科学中心建设全面加速

综合性国家科学中心主要依托空间分布集聚、研究方向关联的重大科技基础设施集群布局组建，通过打造自由开放的科学研究和技术创新制度环境，以及科学合理的组织管理架构和运行机制，组织开展高水平交叉前沿性研究，发起大科学研究计划与工程，打造世界一流的新兴学科集群、创新人才集群、技术研发机构集群，产出重大原创科学成果和颠覆性产业技术，提升我国在交叉前沿领域的源头创新能力和科技综合实力，代表国家在更高层次上参与全球科技竞争与合作。

（一）北京怀柔综合性国家科学中心加速建设

2017 年 5 月 25 日，国家发展改革委、科技部联合批复《北京怀柔综合性国家科学中心建设方案》，同意建设北京怀柔综合性国家科学中心。按照北京怀柔综合性国家科学中心建设方案的要求，系统推进重点科学领域跨越发展，推进国家重大科技基础设施集群发展，科学布局前沿交叉研究平台，集聚国内外一流科技创新人才及团队，谋划推动实施重大科技计划，积极推进全面创新改革先行先试，不断巩固和提升怀柔综合性国家科学中心对北京科技创新中心的关键支撑。

加快重大科技项目集群建设。高能同步辐射光源设施、多模

态跨尺度生物医学成像设施、综合极端条件实验装置、地球系统数值模拟装置以及空间环境地基监测网等5个重大科技基础设施开工建设，项目总投资超过100亿元。脑认知功能图谱与类脑智能交叉研究平台、空间天文与应用研发实验平台、深部资源探测技术装备研发平台、环境污染物识别与控制协同创新平台等11个科教基础设施加速推进，项目总投资约30亿元。材料基因组研究平台、清洁能源材料测试诊断与研发平台等13个交叉研究平台建设稳步实施。

强化创新和科技成果转化。设立"怀柔科学城科技成果转化专项"，2018年和2019年共支持51个科技成果转化项目，支持财政科技资金2.3亿元，目前已有30项在怀柔科学城落地。发布怀柔科学城促进科学仪器产业创新发展纲要，发展科学仪器投资、研发、设计、制造、展示、交易和运维服务的创新链。上海证券交易所和深圳证券交易所分别在怀柔成立工作站和企业上市服务中心。

持续提升国际影响力。连续举办三届国际综合性科学中心研讨会，并于2019年成立国家科学中心国际合作联盟，成为链接国内外科学中心的重要平台和纽带。"一带一路"国际科学组织联盟落户，推动共建"一带一路"科技创新共同体，充分发挥了北京全国科技创新中心的集聚效应。开展首届"细胞科学北京学术会议"等一系列国际科技交流合作活动，有力提升了怀柔综合性国家科学中心的国际影响力。成立怀柔科学城硅谷工作站，为宣传推介怀柔科学城、海外高层次人才寻访和项目收集搭建了平台。

（二）上海张江综合性国家科学中心初见成效

2016年2月16日，国家发展改革委、科技部批复同意上海以张江地区为核心承载区建设综合性国家科学中心。在国家发展和改革委员会等部门指导下，上海张江综合性国家科学中心加快建设世界一流重大科技基础设施集群，推动设施建设与交叉前沿研究深度融合，构建跨学科、跨领域的协同创新网络，探索实施重大科技设施组织管理新体制，建设成效初步显现。

建设建成一批全球领先重大创新平台。以全球视野、国际标准推进张江综合性国家科学中心建设，集聚建设国际先进水平的实验室、科研院所、研发机构、研究型大学，正加快建立世界一流的重大科技基础设施集群。持续推动硬X射线、活细胞成像、转化医学等项目对外开放运行，不断完善国家重大科技基础设施、重大专项的地方配套，深化全基因组蛋白标签、糖科学和糖类药物研发等领域的国际合作。

持续产出一批重大原始创新成果。张江综合性国家科学中心相关领域的科研能力逐步实现了从“跟跑”向“并跑”和“领跑”转变。在新冠肺炎科研攻关中发挥了重要作用，首次解析出新冠病毒第一个蛋白晶体结构，为疫苗设计和治疗性抗体开发提供重要支撑；率先开展“新冠肺炎患者合并感染防治”“脏器功能保护”等科研攻关，形成了“上海新型冠状病毒综合救治专家共识（上海方案）”；最早研发出新冠肺炎检测产品并获批临床应用。

不断加强协同创新合作能力。上海市科创办与安徽省发展改革委共同签署《关于推进上海张江、安徽合肥科技创新开放合作的框架协议》，推进上海张江、安徽合肥两个综合性国家科学中心“两心共创”，有助于汇聚世界一流科学家，协同突破一批重大科学难题和前沿科技瓶颈，显著提升我国基础研究水平，强化原始创新能力。

（三）安徽合肥综合性国家科学中心雏形渐显

2017 年 1 月 10 日，国家发展改革委和科技部复函同意安徽省建设合肥综合性国家科学中心。合肥综合性国家科学中心的建设主要依托中国科学院合肥物质科学研究院和中国科学技术大学，聚焦能源、信息、生命、环境四大领域，解决重大科学问题、提升原始创新能力、催生变革性技术。2017 年 9 月 7 日，安徽省委、省政府和中科院共同印发《合肥综合性国家科学中心实施方案（2017—2020 年）》，着力搭架构、创机制、建项目、促转化、聚人才、强合作，实现了高起点开局、高标准推进，步入了高质量发展的“快车道”。

重大项目规划建设强力推进。全面加快聚变堆主机关键系统综合研究设施等建设，提升同步辐射光源、全超导托卡马克、稳态强磁场装置性能，发挥更大作用，形成大科学装置集群，支撑开展跨学科交叉前沿研究。积极谋划建设前沿交叉平台，医算中心、物质中心、地空中心等 3 个中科院“十三五”科教基础设施即将开工建设，将极大提升国家科学中心优势学科领域创新保障能力。

高水平科技攻关持续推进。聚焦信息、能源、健康、环境四大领域，突出关键共性技术、前沿引领技术、现代工程技术、颠覆性技术创新，开展多学科交叉研究，加快建设重大原始创新重要策源地。合肥综合性国家科学中心项目单位牵头或参与完成的科技成果 4 次入选中国科学十大进展，6 次入选中国科技十大进展新闻，1 次入选中国生命科学十大进展，1 次入选国际物理学重大突破，在量子、核聚变领域保持全球领跑地位。

体制机制创新进一步加强。积极探索新型研发机构组建模式，将能源、人工智能、大健康研究院登记为事业单位，实行去行政化管理，探索实行不定行政级别、不定具体编制（可根据需要为高层次人才提供周转编制）、不设工资总额限制，在薪酬制定、人员招聘、资产管理等方面享有充分自主权的管理机制。探索实行“包干制”，给予研究院稳定的科研经费支持，进一步优化预算审批和经费管理，由重审批向重监管转变，赋予平台和科研人员更大的人财物支配权和技术路线决策权，使科研任务的技术责任和经济责任更加明确，充分激发创新主体积极性。

（四）大湾区综合性国家科学中心建设加快谋划

根据粤港澳大湾区国际科技创新中心建设工作安排，加快谋划大湾区综合性国家科学中心建设，完成了大湾区综合性国家科学中心顶层设计和统筹规划。提前启动材料基因组、脑解析与脑模拟、合成生物学重大科技基础设施等项目建设。在科技资金、创新人才、仪器设备、科研数据等要素流动方面，研究设计提出了一批重大改革举措。

三、创新发展新增长极加速形成

（一）国家级新区成为带动区域改革创新的新引擎

国家级新区是我国新一轮改革创新的排头兵，在加快新旧动能转换、打造实体经济发展高地、展现产业对外合作新格局等方面发挥举足轻重的作用。2019 年 12 月，国务院办公厅印发《关于支持国家级新区深化改革创新加快推动高质量发展的指导意见》，提出要用改革的办法和市场化、法治化的手段，大力培育新动能、激发新活力、塑造新优势，使国家级新区成为高质量发展引领区、改革开放新高地、城市建设新标杆。

截至目前，我国已设立 19 个国家级新区，覆盖全国 19 个省份，其中东部地区 8 个，中部地区 2 个，西部地区 6 个，东北地区 3 个。国家级新区在带动区域经济发展中发挥了关键作用，比如，2016 年设立长春新区，支撑共建“一带一路”倡议和新一轮东北振兴战略；2017 年设立雄安新区，疏解北京非首都功能、优化京津冀城市布局和空间结构、培育形成新的区域增长极。目前，国家级新区高技术产业规模不断壮大，创新发展成效取得显著成效。

（二）国家高新区和国家自主创新示范区成为支持新兴产业、高技术产业发展的新样板

“十三五”以来，我国大力推动国家高新区和国家自主创新示范区建设，截至 2019 年 4 月，经国务院批复建设的国家高新区数量已达 168+1 家（“+1”是指苏州工业园区），国家自主创新示范区已达 21 家。2018 年，国家高新区研发经费达 7 455.7 亿元，研发人员达 258.4 万人年，主营业务收入达 34.6 万亿元。同年，国家高新区拥有高新技术企业 6.3 万家，技术收入 3.9 万亿元，占高新技术企业主营业务收入比例达 10% 以上，成为高质量发展的新样板。

（三）国家级经济技术开发区成为改革开放的新高地

随着改革开放的推进和深化，国家级经济技术开发区（国家级经开区）的建设从沿海地区向沿江、沿边和内陆省会城市、区域中心城市拓展，成为沿海开放战略以及西部开发、东北振兴、中部崛起等几大战略目标的重要支撑点。2019 年 5 月 28 日，国务院印发了《关于推进国家级经济技术开发区创新提升打造改革开放新高地的意见》，为国家级经开区提出了“三创新、两提升”（开放创新、科技创新、制度创新，提升对外合作水平、提升经济发展质量）的下一步新发展方向。

经过多年发展，国家级经开区建设取得了显著成效。截至

2018年底，国家级经开区共计219家，其中东部地区107家，中部地区63家，西部地区49家，国家级经开区建设总体呈稳中有进发展态势。国家级经开区是我国经济发展的重要增长点，外向型经济发展也上了一个新台阶。2018年，国家级经开区实现地区生产总值9.9万亿元，实现财政收入1.9万亿元，占比均超过全国的1/10，进出口总额和利用外资规模均占全国的1/5。在新发展理念指引下，国家级经开区高质量发展取得显著成效。国家级经开区加速推动新旧动能转换，产业结构不断优化，已经成为区域经济的重要增长极。

第五节

创新驱动发展的制度政策环境不断完善

党中央、国务院高度重视创新驱动发展顶层制度建设。2015年3月，中共中央、国务院印发《关于深化体制机制改革加快实施创新驱动发展战略的若干意见》，围绕破除制约创新驱动发展的制度障碍，从营造公平竞争环境、建立技术创新市场导向机制、强化金融创新功能、完善成果转化激励政策、构建更加高效的科研体系、用好培养和吸引人才、推动形成深度融合的开放创新局面、加强创新政策统筹协调等8个方面，提出了30项具体举措，确立了创新驱动发展体制机制的“四梁八柱”。2016年1月，中共中央、国务院发布《国家创新驱动发展战略纲要》，明确“一个体系、双轮驱动、三步走目标”，进一步明确体制机制创新要调整一切不适应创新驱动发展的生产关系，统筹推进科技、经济和政府治理等三方面体制机制改革，最大限度释放创新活力。由此我国创新驱动发展的顶层制度设计基本形成。改革成为激发创新活力的“关键一招”，加快打破了创新驱动发展的制度藩篱，极大激发了市场主体的创新活力，全社会创新创业蔚然成风。

一、公平竞争的市场环境明显优化

习近平总书记指出，要营造有利于创新创业创造的良好发展环境。要向改革开放要动力，最大限度释放全社会创新创业创造动能，不断增强我国在世界大变局中的影响力、竞争力。[1] 党的十八大以来，我国坚持发挥市场激励创新的根本性作用，营造公平、开放、透明的市场环境，强化竞争政策和产业政策对创新的引导，促进优胜劣汰，增强市场主体创新动力，市场竞争环境日益优化，市场主体敢创新、愿创新、能创新的生态逐步形成。

（一）创新创业的政策环境不断优化

投资审批、市场竞争、价格管理、产权保护等领域重大改革深入推进，为经济转型提供“源头活水”。党的十八大以来，经济体制改革的创新导向更加突出，科技与经济改革更加协调，优胜

[1]《习近平李克强张德江俞正声王岐山分别参加全国人大会议一些代表团审议》，《人民日报》2013 年 3 月 10 日。

劣汰的市场竞争机制有效激发了深层次创新活力，变“要我创新”为“我要创新”，逐步形成有利于创新发展的政策环境。通过简政放权，敞开了投资准入大门，中央层面核准项目已经累计削减约90%。98% 以上境外投资项目改为网上备案管理，99% 以上外商投资项目实现备案管理。

2019 年，我国新登记企业数量达到 739.1 万户，同比增长 10.3%，较 2015 年增长 66.5%，日均新设企业数量达到 2.02 万户，是 2015 年的 1.68 倍。我国实有企业连续 7 年实现两位数增长，截至 2019 年，实有企业数量达到 3 858.3 万户，同比增长 11.0%，比 2015 年增长了 1 672.5 万户（见表 3-1）。

表 3-1　2015—2019 年创业企业情况

创业企业情况	2015 年	2016 年	2017 年	2018 年	2019 年
新登记企业 / 万户	443.9	552.8	607.4	670	739.1
新登记企业年增长率 /%	21.6	24.7	9.9	10.3	10.3
全年日均新设企业 / 万户	1.2	1.51	1.66	1.8	2.02
日均新设企业年增长率 /%	—	25.8	10.2	8.43	12.2
实有企业 / 万户	2 185.8	2 594.7	3 033.7	3 474.2	3 858.3
实有企业年增长率 /%	—	18.8	16.9	14.5	11.0

资料来源：《2019年中国大众创业万众创新发展报告》。

2019年我国吸收外资保持逆势增长，全年实际使用外资9 415.2亿元人民币，同比增长5.8%，再创历史新高，稳居发展中国家首位、全球第二位。外资结构持续优化，高技术产业利用外资2 660亿元，增长25.6%，占比升至28.3%。

（二）包容审慎监管制度不断健全

习近平总书记多次强调产业变革具有技术路线和商业模式多变的特点，必须通过深化改革，让市场真正成为配置创新资源的力量。[1]特别是要培育公平的市场竞争环境，发挥好中小微企业应对技术路线和商业模式变化的独特优势，通过市场筛选把新兴产业培育起来。2017年国务院办公厅印发《关于创新管理 优化服务 培育壮大新动能 加快新旧动能接续转换的意见》，提出对新动能领域实施包容审慎的监管制度。与此同时，国家在大数据、电子商务、人工智能、物联网、共享经济等新兴领域陆续出台了一系列政策措施，深入推进监管制度改革，布局建设了新一代人工智能创新发展试验区，探索人工智能赋能城市经济、优化城市治理引领高质量发展的新模式。我国已经成为全球创新成果场景化、商业化、普惠化水平最高的国家，新产品飞入寻常百姓家，普通大众享受科技进步的便利和实惠，创新获得感明显增强。

---

[1]《习近平在中共中央政治局第九次集体学习时强调 敏锐把握世界科技创新发展趋势 切实把创新驱动发展战略实施好》，《人民日报》2013年10月2日。

（三）知识产权保护制度不断强化

党的十八大以来，我国知识产权工作取得新的进展，知识产权在国家治理体系中的作用更加凸显。2019 年，中共中央办公厅、国务院办公厅印发实施《关于强化知识产权保护的意见》。建立了知识产权法院，明确实施恶意侵权惩罚性赔偿制度等一系列完善的知识产权保护制度，知识产权侵权易、维权难等问题得到了初步缓解。知识产权审查质量和效率持续提升，高价值发明专利审查周期压缩至 17.3 个月，商标注册平均审查周期压缩至 4.5 个月。2019 年，国内（不含港澳台）有效发明专利拥有量达到 186.2 万件，2020 年 6 月每万人口发明专利拥有量达到 14.3 件，提前完成国家“十三五”规划确定的目标任务。

知识产权改革试点取得一批新突破，探索出了“专利快速审查、确权、维权一站式综合服务”“专利、商标、版权三合一执法机制”等一批改革举措。比如，建立知识产权司法执法有机衔接机制，湖北武汉成立知识产权法庭，建立跨区域民事、刑事、行政案件“三合一”审判机制，结案率提高到 90% 以上；北京、上海知识产权法院率先建立技术调查官制度，大幅度提升案件审理质量和效率。北京知识产权法院积极探索惩罚性赔偿制度，加大惩罚力度，某侵权案件被判赔 4 900 万元，创造了我国专利侵权最高赔偿纪录。创建知识产权快捷综合服务，广东开展集快速审查、确权、维权于一体的一站式综合服务，外观设计专利授权时间由 6 个月缩短至 7 ~ 10 个工作日。

二、激励创新的体制机制更加健全

（一）技术创新的市场导向机制基本形成

企业在组织实施国家重大专项方面发挥越来越突出作用。《进一步深化管理改革 激发创新活力 确保完成国家科技重大专项既定目标的十项措施》制定出台，国家科技重大专项的组织管理和工作流程进一步优化、简化，中央财政科技经费的管理不断规范和加强，企业在实施科技重大专项当中的牵头和主力作用进一步突出。

普惠性税收优惠政策效果显著提升。加大研发费用加计扣除力度，扩大政策范围，2018 年研发费用加计扣除政策为企业减免税额达到 2 794 亿元。高新技术企业优惠政策落实力度不断加大，实施高新技术企业 15% 的所得税率优惠，高新技术企业和科技型中小企业亏损结转年限可达 10 年，2018 年享受高新技术企业优惠政策的企业数量达到 5.27 万户，减免企业所得税 1 900 亿元。

企业牵头的订单式研发和成果转化等新模式不断涌现。针对科研项目与产业发展结合不紧密问题，在高校科技项目选题、高校制度改革等方面，探索定向研发、定向转化、定向服务“三定向”的订单式研发和成果转化新机制，在科研选题中设置成果转化 5% 的股权激励机制等一批改革举措。比如，沈阳市依托重点高校，推行“三定向”的订单式研发和成果转化机制，以校地产业研究院为平台，为企业“量身定制”设计研发项目，2018 年实施试点政策第一年，试点学校申请发明专利 115 项，转化科技成果 101 项，是上年的近 2 倍；合同额达 7 093 万元，比上年增长 500%。

（二）科技成果转化机制取得重大突破

施行新修订的《促进科技成果转化法》，发布《实施〈促进科技成果转化法〉若干规定》《促进科技成果转移转化行动方案》，大幅提高对成果完成人和转化工作作出重要贡献人员的激励力度。各地区、各部门出台一批具体落实措施，在科技成果转化方面做出突破性探索，中国特色促进科技成果转化制度体系初步形成。

探索科技成果转化激励新机制。从科技人员积极性不高、无形资产价值评估难等根本性问题入手，探索出科技成果转化的一系列有效路径。比如，西安试点基于技术股 + 现金股的股权激励模式，支持科研院所开展无形资产入股和量化激励改革，通过组建股权多元化的高技术产业化公司，实行研究院控股、战略投资者参股、经营层和技术层持股的股权结构，极大地激发了科研院所、成果转化公司等多方面的积极性。

建立科技成果转化确权新制度。从激发发明人内生动力入手，率先探索职务科技成果权属混合所有制改革，明确科研人员对职务发明的所有权，推动职务发明从“国家所有”转变为“国家和发明人混合所有”，从“先转化、后确权”转变为“先确权、后转化”，从“奖励权”转变为“所有权”，推动科研人员有能力、有动力、有权力转化职务科技成果，探索出了职务科技成果转移转化的有效路径。

» 专栏 3-9

以事前产权激励为核心的职务科技成果权属混合所有制改革

科技成果转化难、转化率低是长期困扰我国科技创新、产业发展的难题瓶颈。成都制定出台《促进国内外高校院所科技成果在蓉转移转化若干政策措施》等系列政策，支持西南交通大学等在蓉高校率先开展职务科技成果权属混合所有制改革，把职务发明人收益与成果转移转化效果紧紧地捆绑在一起，极大地调动了职务发明人的积极性，有力地促进了职务科技成果转化。

2016年1月，西南交通大学研究制定了《西南交通大学专利管理规定》，明确规定学校与职务发明人可以按照“三七开”的比例共同申请专利，也可以按同样的比例分割学校持有的职务发明专利。总体来看，职务科技成果权属混合所有制改革，核心是实现了“两个改变”：一是将职务科技成果的所有权由国家所有，变为国家、职务发明人混合所有，职务发明人拥有了产权后，可以交易，可以继承，大大提高了发明人深入参与科技成果转化的积极性；二是将科技成果“三权改革”的“先转化、后奖励”，变为“先确权、后转化”，大大简化了科技成果转化审批程序，只需高等院校一枚印章即可到国家知识产权局完成专利分割确权手续，许可或转让后即可按比例获得收益，作价入股后职务发明人就拥有了公司的股权。

科技成果转化取得新成效。党的十八以来，我国科技成果转化规模持续攀升，促进经济高质量增长的作用凸显。2018 年，3 200 家高校院所以转让、许可、作价投资方式转化科技成果的合同金额、合同项数持续增长。合同金额达 177.3 亿元，同比增长 52.2%，合同项数为 11 302 项。财政资助项目产生的科技成果转化合同金额增势明显，合同金额为 56.1 亿元，同比增长 78.4%。

科技成果转化奖励显著增长。2018 年，现金和股权奖励科研人员 6.8 万人次。科研人员获得的现金和股权奖励金额达 67.6 亿元，同比增长 44.9%。

产学研合作助力创新驱动发展能力持续提升。2018 年，3 200 家高校院所与企业共建研发机构、转移机构、转化服务平台总数为 8 247 家，同比增长 14.8%。创设和参股新公司 2 155 家，同比增长 16.2%。

科技成果高价值转化不断涌现。2018 年，科技成果交易转化合同平均金额为 156.9 万元，同比增长 42.6%。以作价投资方式转化科技成果的合同金额高达 79.2 亿元，同比增长 56.2%。以作价投资平均合同金额达 1 559.3 万元。

（三）支持创新的金融服务体系不断完善

金融支持创新的力度持续加大。党的十八大以来，有关部门围绕做好科技金融服务、开展科创企业投贷联动试点、支持深化民营和小微企业金融服务综合改革、金融支持高技术服务业发展等出台了一系列改革举措。银行、保险等金融机构强化对企业创新的金融服务水平，探索股权与债权相结合，开展跟贷、远期利率期权、认股权等业务，为企业创新提供持续资金支持。截至 2019 年底，全国银行业金融机构已设立科技支行、科技金融专营机构 750 家，对科技型企业贷款余额 4.1 万亿元，存量客户 13.7 万户。部分银行金融机构探索运用“合作创投机构投资 + 银行贷款”“银行贷款 + 远期权益”“股权收购基金”等投贷联动金融服务模式，为企业创新提供持续资金支持。截至 2019 年底，银行业金融机构外部投贷联动项下科创企业贷款余额 348.8 亿元。

创业投资市场实现跨越式发展。党的十八大以来，随着金融监管制度不断完善，监管方式逐步规范，我国创业投资市场稳步发展，已经发展成为全球第二大创业投资市场（见图 3–16）。创业投资在构建市场导向的技术创新体系当中发挥了十分突出的带动作用。

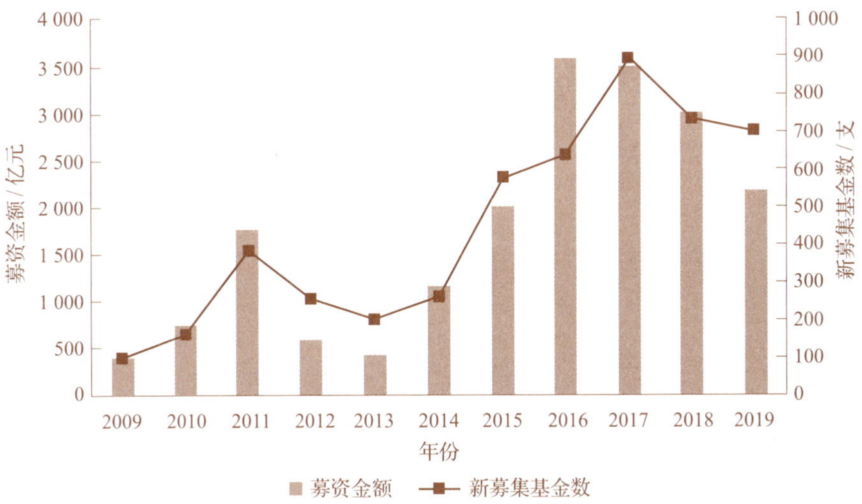

图 3–16　2009—2019 年我国创业投资市场的募资情况

资料来源：《2019年中国大众创业万众创新发展报告》。

2016 年，国务院印发《关于促进创业投资持续健康发展的若干意见》，在培育多元创业投资主体、多渠道拓宽创业投资资金来源、加强政府引导和政策扶持、完善创业投资相关法律法规、优化创业投资市场环境、完善创业投资行业自律和服务体系等方面提出了一系列改革和支持举措。

以设立科创板为代表的资本市场改革按下“快进键”。2019 年

1月，经党中央、国务院同意，证监会印发《关于在上海证券交易所设立科创板并试点注册制的实施意见》，标志着我国证券市场开始从设立科创板入手，逐步探索符合我国国情的证券发行注册制。设立科创板并试点注册制，旨在补齐资本市场服务科技创新的短板，着力支持符合国家战略、突破关键核心技术、市场认可度高的科技创新企业做优做强。截至2019年底，科创板申请注册107家，其中完成注册程序80家，有70家完成发行上市交易，融资824.27亿元。

三、科技管理体制改革不断深化

实施创新驱动发展战略，迫切需要系统推进科技管理体制改革，构建创新驱动发展所要求的新型科技生产关系，才能够最大限度地激发全社会的创新动力与活力。党的十八大以来，我国科技管理体制改革，取得了积极突破。

（一）科技计划和资金管理改革迈出实质性步伐

科技计划体系进一步优化。2014年，国务院印发《关于改进加强中央财政科研项目和资金管理的若干意见》《关于深化中央财政科技计划（专项、基金等）管理改革方案的通知》，并于2015年启动中央财政科技计划（专项、基金等）管理改革，对我国的科技计划体系进行了系统性改革，形成国家科技重大专项、国家重点研发计划、国家自然科学基金、基地和人才专项、技术创新引导专项（基金）5类国家科技计划。新的科技计划体系对基础研究进行了系统布局：国家自然科学基金聚焦基础和前沿，注重自由探索和学科交叉，强调学科发展和人才团队培养。国家科技重大专项聚焦国家战略需求，突出重大战略产品和产业化目标。国家重点研发计划针对事关国计民生的重大社会公益性研究，以及事关产业核心竞争力、整体自主创新能力和国家安全的重大科技问题，突破国民经济和社会发展主要领域的技术瓶颈。基地和人才专项支持科研基地建设和创新人才、优秀团队的科研活动，促进科技资源开放共享。

科研项目和资金管理更加科学规范高效。2016年，中共中央办公厅、国务院办公厅印发《关于进一步完善中央财政科研项目资金管理等政策的若干意见》，提出了一系列给科研人员“松绑+激励”的政策措施，在项目预算调整、劳务费支出、间接费用分配、结余资金使用、差旅会议费标准等方面赋予科研单位和科研人员更大的自主权。2018年，国务院印发《关于优化科研管理提升科研绩效若干措施的通知》，通过扩大科研单位科研项目经费管理使用自主权、加大对承担国家关键领域核心技术攻关任务科研人员的薪酬激励、合并财务验收和技术验收等措施，进一步优化科研项目和经费管理，提升科研绩效。中央高校、科研院所科研项目资金管理权限进一步扩大，围绕新计划体系，形成一套从概预算管理到项目经费政策的全面经费保障机制，科研人员获得感大大增强。

（二）科研院所分类改革有序开展

针对科研院所目标定位模糊化、发展路径趋同化问题，有关部门协同推进科研院所扩大自主权、绩效评价、章程制定等工作，推动科研院所立足职责定位，完善治理结构，释放创新创造活力，增强科技创新能力，更好地服务国家战略需求和经济社会发展全局。

» 专栏 3-10

中国科学院四类科研机构分类改革

中国科学院积极落实《中国科学院“率先行动”计划暨全面深化改革纲要》，以研究所分类改革为突破口，明确不同类型科研院所的核心使命和任务，尊重不同性质科技创新活动的特点和规律，从国家战略科技力量的使命与定位出发，按照四类科研机构对现有研究机构进行分类改革：

一是面向国家重大需求，组建若干科研任务与国家战略紧密结合、创新链与产业链有机衔接的创新研究院，探索政产学研开放协同、共同参与的新型治理架构。

二是面向基础科学前沿，高起点、高标准建设若干卓越创新中心，力争在优势学科领域形成一批具有鲜明学术特色的世界级科学研究中心。

三是依托一批国家重大科技基础设施，建设若干具有国际一流水平的大科学研究中心，实现高效率开放共享、高水平国际合作、高质量创新服务。

四是面向经济社会可持续发展和行业、区域发展的独特需求，通过持续重点支持、与地方和行业共建、科教融合等多种治理方式，做强一批特色鲜明、规模适度的特色研究所。

（三）科技资源实现开放共享

推动科研设施和科研仪器开放共享。2014年，国务院印发《关于国家重大科研基础设施和大型科研仪器向社会开放的意见》，旨在推动形成专业化、网络化的科学仪器服务机构群，建立促进开放的激励引导机制、开放评价体系和奖惩办法，实现科研设施和科研仪器等科技资源的开放共享。许多地方创新财政投入机制，采取创新券等方式加大对科技资源开放共享的激励，在引导科技资源服务中小企业和创业团队、降低企业创新成本方面发挥了重要作用，提升了科技资源利用效率和全社会科技创新的整体效能。

加强科技资源调查与科技数据共享。2018年，为进一步加强和规范科学数据管理，保障科学数据安全，提高开放共享水平，国务院办公厅印发《科学数据管理办法》，提出在条件好、资源优势明显的科学数据中心基础上进行优化整合，推进国家科学数据中心的建设试点工作。建立健全数据汇交制度，推动科学数据汇交纳入项目管理，推动制定科学数据相关标准规范。

四、人才发展体制机制持续优化

习近平总书记多次强调，各级党委和政府要积极探索集聚人才、发挥人才作用的体制机制，完善相关政策，进一步创造人尽其才的政策环境，充分发挥优秀人才的主观能动性。[1]党的十八大以来，我国人才管理体制进一步优化完善，为人才发挥作用、施展才华提供了更加广阔的天地，让他们人尽其才、才尽其用、用有所成。

（一）人才引进培养机制不断优化

各类人才脱颖而出。加大对高水平领军人才引进培养、中青年

[1]《习近平在广东考察时强调 增强改革的系统性整体性协同性 做到改革不停顿开放不止步》，《人民日报》2012年12月12日。

和后备人才培养、基础研究人才队伍建设、高水平实验技术人才成长、优秀创新团队发展等各类人才培育的支持力度。我国人才队伍规模居世界第一，涌现出一批德才兼备的科学大家。2019 年，于敏、孙家栋、袁隆平、黄旭华和屠呦呦等 5 名杰出科学家被授予“共和国勋章”，叶培建、吴文俊、南仁东、顾方舟、程开甲被授予“人民科学家”国家荣誉称号。

海外人才加速回流。创新创业的氛围充分激发了人才创新创业活力，增强了对国际高层次人才的吸引力，促进人才的回流，为加快形成规模宏大、结构合理、素质优良的创新创业人才队伍提供了支撑。我国留学生回流加速，对外国留学生吸引力增大。鼓励地方加强引才聚才力度，不断激发人才创新创业创造活力。

上海市实行外籍人才居留政策试点，已受理外籍高层次人才申请永久居留超过 500 人，较政策实施前增长约 8 倍。广东省为外籍高层次人才和创新创业人才提供出入境和停居留便利，试点以来已受理批准符合 16 项人才出入境政策措施条件的签证证件超千人次。北京市完善“一体运行、双管齐下、三地联动”的 144 小时过境免签政策管理服务机制，依托公安部出入境管理局信息系统，联动津冀两地公安机关，对过境免签外国人实行全流程综合管理，提高人性化服务水平，工作效果显著。

专栏 3-11

留学生归国创业人数屡创新高

留学归国人员是创新创业队伍的主力军，近年来创业人数一直保持增加态势，成为我国全方位融入和布局全球创新网络的重要力量。党的十八大以来，已有累计 283 万留学人员学成归国，占改革开放以来回国总人数的 2/3，形成了我国历史上最大规模的留学人员归国潮。2019 年，我国留学回国人员为 35.35 万人。

各级海外高层人才引进服务窗口、留学人员和专家服务中心组织全国 117 家留学人员服务机构，共同成立了中国留学人员回国服务联盟，为留学回国人员提供优质高效的服务。广州海交会、大连海创周、南京留交会等留学人才交流活动已经成为留学人才回国创新创业的桥梁。截至 2019 年底，全国已建成各级各类留学人员创业园 367 家。各地留学人才创业园聚焦地方产业优势，发挥留学人员创新创业特长，一大批留学人员高新科技企业在园区内实现产业化，成功迈向国内乃至国际产业前沿和市场高端。

人才流动渠道疏通。中共中央办公厅、国务院办公厅印发《关于促进劳动力和人才社会性流动体制机制改革的意见》，提出要推动经济高质量发展，筑牢社会性流动基础，实施就业优先政策创造流动机会，推动区域协调发展促进流动均衡，推进创新创业创造激发流动动力。同时，畅通有序流动渠道，激发社会性流动活力，以户籍制度和公共服务牵引区域流动，以用人制度改革促进单位流动，以档案服务改革畅通职业转换；完善评价激励机制，拓展社会性流动空间，拓展基层人员发展空间，加大对基层一线人员奖励激励力度拓宽技能技术人才上升通道。

部分地方大胆试验，探索出了“事业单位可采取年薪制、协议工资制、项目工资制等灵活多样的分配形式引进紧缺或高层次人才”“事业单位编制省内统筹使用”等一系列改革举措，大大提高了人才引进制度的灵活性，提升了对人才的吸引力，为区域产业创新发展聚集了宝贵的智力资源。

（二）人才评价激励机制持续完善

实行以增加知识价值为导向分配政策。2016 年，中央办公厅、国务院办公厅印发《关于实行以增加知识价值为导向分配政策的若干意见》，旨在充分发挥收入分配政策的激励导向作用，激发广大科研人员的积极性、主动性和创造性，鼓励多出成果、快出成果、出好成果，推动科技成果加快向现实生产力转化。充分发挥市场机制作用，通过稳定提高基本工资、加大绩效工资分配激励力度、落实科技成果转化奖励等激励措施，使科研人员收入与岗位职责、工作业绩、实际贡献紧密联系，在全社会形成知识创造价值、价值创造者得到合理回报的良性循环。

建立符合科研规律的人才评价体系。2018年，中央办公厅、国务院办公厅印发《关于深化项目评审、人才评价、机构评估改革的意见》，旨在“突出品德、能力、业绩导向，克服唯论文、唯职称、唯学历、唯奖项倾向，推行代表作评价制度，注重标志性成果的质量、贡献、影响”。针对人才“帽子多”、标准“一刀切”、评用脱节等突出问题，坚持“干什么评什么”的分类原则，“评用结合、谁用谁评”，论文发表和引用排名等不作为限制性指标，扭转少数人急功近利、作风浮躁的问题。2018年，相关部门开展清理“唯论文、唯职称、唯学历、唯奖项”专项行动，旨在转变科研中存在着的不当作风，创新人才评价机制，建立健全以创新能力、质量、贡献为导向的科技人才评价体系，形成并实施有利于科技人才潜心研究和创新的评价制度。通过有针对性的举措，让科技工作者不再疲于应付名目繁多的评审评价，让人才管理制度更能适应科技创新要求和科技创新规律。

深化国家科技奖励制度。2018年，国务院出台《关于深化科技奖励制度改革的方案》，在法规制度上做“加法”，在提名材料上做“减法”，实行提名制、建立定标定额评审制度、调整奖励对象等重点改革任务陆续落地实施。推进法规制度体系建设不断完善，重点修订《国家科学技术奖励委员会章程》等规范性文件，研究制定专家遴选、授奖指标分配等规则办法；精简提名材料，强化客观材料佐证和诚信承诺等方面改进提名工作，国家自然科学奖提名书取消填写论文期刊影响因子的硬性规定，鼓励发表在国内期刊的论文作为代表作。全面实行提名制以来，2019 年国家科学技术奖励工作办公室共收到有关专家和单位提名项目（人选）1 609 项，较 2018 年增加 85 项；提名最高奖 15 人，为历年提名人数最多的一次；提名国际合作奖 33 人，来自 19 个国家，是历年人数最多、国别最广泛的一次。

学习贯彻习近平新时代中国特色社会主义经济思想

做好“十四五”规划编制和发展改革工作

| 系列丛书 |

第四章

当前创新发展站在新的历史起点上

当前，新一轮科技革命和产业变革正处在实现重大突破的历史关口，加速促进人类社会生产力和生产关系重大变革，对全球竞争格局产生深远影响。与此同时，新科技革命同我国进入高质量发展新阶段形成了历史性交汇，给我国加快解决新时代社会主要矛盾，实现以创新为主要引领的增长动力转换、发展方式转变带来了重大机遇。站在新的历史起点上，要坚定创新自信，充分发挥制度优势，坚定不移走中国特色自主创新道路，加速把我国建设成为世界科技强国，为实现中华民族的伟大复兴提供强劲动力。

第一节

新一轮科技革命和产业变革正处在实现重大突破的历史关口 新的工业革命将深刻重塑人类社会

变革创新是推动人类社会向前发展的根本动力。当前，大数据、人工智能、生物、新能源、新材料等技术深度演进、相互交织，正临近重大突破的“奇点”，形成跨学科创新的“链式反应”，涌现具备强大成长潜力的新产业新业态新模式，前所未有地推动生产生活方式、企业组织形态、经济运行机制和社会规则深刻变革。人类社会正在进入继农业社会、工业社会之后的新形态，呈现出新的发展态势和特征。

一、生产力大跃升：跨领域交叉融合特征明显

创新就是生产力，企业赖之以强，国家赖之以盛。要顺应第四次工业革命发展趋势，共同把握数字化、网络化、智能化发展机遇，共同探索新技术、新业态、新模式，探寻新的增长动能和发展路径。

（一）前沿技术链式变革将带来若干领域的革命性变化

当前，前沿引领技术、关键共性技术、现代工程技术等从点状突破向链式变革发展，颠覆性创新创造了新的技术轨道和经济范式，产生明显的催化、叠加、倍增效应。以基因编辑、脑科学等为代表的生命科学领域正在从系统整体的角度和量子的微观层面认识生命活动的规律，将掀起新一轮生物技术的浪潮。融合机器人、数字化、新材料的先进制造技术正在加速推进制造业向智能化、服务化、绿色化转型。以清洁高效可持续为目标的能源技术加速发展将引发全球能源革命。空间和海洋技术正在拓展人类生存发展新疆域。

（二）跨界融合创新将带来若干领域的颠覆性创新

世界范围内新一轮科技革命和产业变革正在蓬勃发展，跨领域融合创新正在推动社会发展物质基础重构，成为新时代推动人类社

会发展繁荣的重要力量。本轮科技革命和产业变革呈现出的多学科群体突破、新技术跨界融合、众行业迅速应用等鲜明特征，学科之间、科学和技术之间、技术之间、自然科学和人文社会科学之间、科学技术与产业体系之间联系更加紧密，信息、生命、制造、能源、空间、海洋等领域的交叉融合原创突破，激发技术应用场景几何级增长，将可能对原有的技术体系、产业体系产生颠覆性变革。例如，通过“医工交叉”、生物技术与信息技术融合，“脑机接口”技术已取得重要进展，人类脑科学研究将取得突破，有望描绘出人脑活动图谱和工作机理，有可能揭开意识起源之谜。

（三）新一代信息技术深度应用将带动若干领域的数字化浪潮

以互联网、大数据、人工智能、量子信息、移动通信、物联网、区块链为代表的新一代信息技术创新活跃、快速发展和深度应用，促进生产力得到极大程度的解放。相比于农业时代的镰刀斧头、工业时代的工厂机器，以联接技术、计算技术、数据技术、智能化技术、机器人技术等为代表的数字生产力，加速在人类社会、生产生活深度应用。知识泛在化趋势和人工智能的广泛应用，正在拓展人类的脑力，“工业机器人、自动机器人”正在加快向“智能机器人”演进，未来劳动力的自然界限将得到根本性拓展，“人机共生”有望成为引发下一个生产力大跃升的关键要素和重要方向。随着劳动工具数字化、劳动对象服务化、劳动机会大众化，未来，人类社会将进入数字化生产力快速发展的新阶段。

二、生产要素拓展：技术、数据等创新要素愈发重要

在未来经济发展中，技术、数据等要素为发展开辟了广阔的新空间。

（一）技术要素流通丰富活跃，成果转化方式日益多元

技术要素市场主体发生显著的结构性变化，企业作为技术创新主体的地位不断夯实，以市场为导向、企业为主体、产学研相结合的技术创新体系正在加快形成。技术要素的配置方式和交易形式，从技术开发、技术转让、技术咨询和技术服务，向科技创业、知识产权证券化、技术并购等多元化方向发展。技术研发与技术转化一体化的趋势日渐明显，“基础研究—应用研究—产品开发”的线性科研模式被实践打破，科学、技术与工程开始并行发展，大量技术成果来源于产业或工程，跨越独立的“转化”阶段，直接应用于产业发展。

（二）数据要素作用潜力巨大，治理规则正在重构

在农业经济时代，土地是重要的生产要素，在工业经济时代，资本是重要的生产要素，对于数字经济时代而言，数据作为新的生产要素，促进了劳动、资本、土地、技术、管理等要素网络化共

享、集约化整合、协作化开发和高效化利用，减少了信息流动障碍，不断加速资源要素流动，提高供需匹配效率，显著提升经济运行效率和全要素生产率。数据要素强调供给侧的效率提升，不仅改造了既有生产力，加快传统产业提质增效，激发企业创新能力和创造活力，而且有助于发展新的生产力，形成新产业新业态，拓展新的发展空间。数字经济中，生产资料的所有权和使用权可实现分离，数据使用的边际成本随着共享不断降低，将推动生产方式发生质的变革。

人类社会对土地有几千年治理经验，对能源有几百年治理经验，对数据治理却无经验可循。“数据共享不够、资源利用不足、数据权属不清、隐私保护不强”等问题依然十分突出。各国都在围绕数据治理、跨境数据流动、个人隐私保护、数据安全等加速构建新规则。

三、创新体系再造：科技创新进入全面创新发展阶段

世界经济面临的根本问题是增长动力不足。创新是引领发展的第一动力。与以往历次工业革命相比，第四次工业革命是以指数级而非线性速度展开。我们必须在创新中寻找出路。只有敢于创新、勇于变革，才能突破世界经济增长和发展的瓶颈。

（一）多主体融合成为科研突破的主要组织方式

科学前沿不断向宇观拓展、微观深入和极端条件加速进阶发展，科学研究的综合性、复杂性显著增强，突破极限的难度越来越大，科技创新进入大融通时代。科技服务的对象日益复杂，气候变化、卫生健康、消除贫困等世界性难题亟待破解，单一主体很难实现重大突破。世界科学研究的主要组织方式已经告别单枪匹马、手工作坊式，而进入到多主体融合、整体推进的“大科学”新阶段。世界各国政府根据科技发展趋势，推动各类创新主体融合，集中优势资源，布局建设重大科技基础设施，组建国家实验室，出台大战略、实施大工程、部署大项目，凝聚顶尖人才和团队，形成强大合力，实现重大创新突破。

（二）网络化创新成为创新活动的重要合作形式

基于互联网等新技术的发展，创新活动呈现网络化、开放化、协作化、泛在化的新特征。网络信息技术、智能制造技术的发展和大型科研设施、科学数据开放共享，提供了功能强大的研发工具和前所未有的创新平台，创新门槛迅速降低，协同创新不断深化，突破了时空限制，使创新无处不在、无时不在。以“创客运动”为代表的小微型创新正在全球范围掀起新一轮热潮，由新技术驱动、以极客和创客为重要参与群体的“新硬件时代”正在开启，创新将更开放、更灵活、更快速、更加贴近用户。

（三）场景式研发成为驱动创新的重要实现路径

大数据、云计算、人工智能等先进技术广泛应用，推动创新迭代升级步伐持续加快，创新链条快速缩短，基础研究、应用研究、试验发展的联系更加紧密、界限日益模糊。应用驱动正成为理论突破的新路径，面向实际应用、开发全新市场的场景式研发与创新，对基础研究形成逆向牵引，带动了基础理论的重大突破。场景创新推动企业从创新链后端向应用研究、应用基础研究等前端环节移动。越来越多的创新龙头企业设立研发机构、联合高等院校和科研院所开展协同创新，成为实现重大基础理论突破的重要力量。

四、经济范式重构：向数字经济新形态逐步演进

科技创新的重大突破和加快应用极有可能重塑全球经济结构，使产业和经济竞争的赛场发生转换，世界各国都把推进经济数字化作为实现创新发展的重要动能。

（一）数字化、信息化经济特征渐成主流

新一代信息技术的融合应用和集成创新，以创新为主要引领和支撑的数字经济将成为继农业经济、工业经济之后人类社会发展的一个重大阶段，将带动人类社会生产方式的变革、生产关系的再造、经济结构的重组和生活方式的巨变。同时，新的经济范式对传

统基础理论、经济制度、治理体系也将带来颠覆性变革和巨大冲击，工业经济时代的产权制度、市场制度、产业政策、边际成本效应理论、公共管理、行政管理等都将发生重大变化，基于生态、平台、网络、企业集群、供应链、价值链等新的经济基本单元的经济理论、法律体系、政府治理体系和社会保障体系正在加速构建。

（二）定制化、柔性化生产方式快速普及

新一代信息技术全面推动制造业与服务业的融合创新，带动了制造业产业链的重构，生产者与消费者关系从供给导向向需求导向的转变，生产方式转变呈现新的趋势。一是大规模标准化生产转向大规模个性化生产。产品种类大幅增加，用于满足消费者更为广泛的个性化和差异性需求，用户的创新、创意在产业发展中所扮演的角色更为突出。二是刚性生产系统转向可重构模块化制造系统。新型制造系统以重复利用和更新系统组态或子系统的方式，实现快速调试与制造，具有很强的包容性和灵活性。三是工厂化生产转向社会化生产。信息技术的飞跃发展使大量物质流被数字化而转化为信息流，因此除必要的实物生产资料和产品外，生产组织中的各环节有可能被无限细分，从而使生产方式呈现出社会化生产的特征。

（三）平台化、生态化生产组织不断拓展

企业组织边界将日益模糊，生产组织和社会分工方式更倾向于网络化、扁平化，以“小前端、大平台、富生态”为特点的平台

生态和平台经济体成为新的生产和资源组织方式，凭借连接、开放、协同等优势，加快赋能传统企业、中小微企业和创业者，并不断孕育出新的商业模式、产业形态。未来的生产组织正在加快重组再造。一是产业边界模糊化。一二三次产业之间的深度融合，特别是制造业与服务业加速融合，服务型制造、制造业服务化成为制造业演进的新趋势。二是产业组织网络化。大企业主导的供应链垂直一体化模式逐步演变为模块化网络化协同化的产业组织模式，企业通过网络、跨越边界与环境相联系，以平台为主要载体、以“众包”为典型代表将企业内分工协作扩展到企业、行业之间成为新方向。三是企业组织扁平化。分权网络与灵活安排开始成为新的效率原则和组织行为，企业组织向扁平化、网络化、柔性化结构演进，扁平化组织、多功能团队、流程再造、学习型组织、虚拟企业、战略联盟、网络组织等组织结构创新成为新亮点。四是产业集群虚拟化。基于特定地理范围的产业传统集群正被虚拟网络集聚代替，企业对市场和技术变化的反应更为敏感，整体呈现出基于网络平台的集群化、基于数据分析的智能化和基于产业融合的服务化等新特征。

（四）线上服务等新业态新模式快速发展

我国已经进入互联网、大数据、人工智能和实体经济深度融合的阶段，5G、人工智能等先进技术不断发展，一些新业态新模式快速涌现。在线教育、在线医疗、远程办公、共享生活等新型线上服务蓬勃发展，极大方便了人们生活。共享经济模式下，通过所有权和使用权分离，涌现出生产资料数字化分享使用模式，有限的生产资料能够低成本无限制分享应用，实现生产资料倍增效应。互联网正在推动“公司 + 雇员”组织模式向“平台 + 个人”转变，为劳动者提供低门槛、多元化创富机会，培育了一批有创意、有能力、有活力的“新个体工商户”，进一步激活了强大的个体经济。

五、社会形态革新：网络空间对社会形态的影响不断增强

新科技革命和产业变革是一次全方位变革，将对人类生产模式、生活方式、价值理念产生深刻影响。

（一）线上线下融合发展全面融入人类生活

科技创新周期缩短，成果转化速度加快，互联网、大数据、人工智能蓬勃发展，推动人类生活方式、商业模式、学习和思维方式发生深刻变革。从全球来看，互联网日益成为创新驱动发展的先导力量，深刻改变着人们的生产生活。餐饮住宿、交通出行、教育医疗等传统服务行业在线服务平台不断涌现，推动传统服务业革新，从物理空间拓展到网络世界，越来越多的人冲浪电商平台，足不出户购买自己心仪的全球商品，网上订餐、在线旅游、在线医疗等日益成为人们生活的重要方式。数字图书馆、在线博物馆、智慧导览等线上线下融合的服务新模式，正加快融入人类生活的方方面面。

专栏 4-1

“5G+ 医疗”助力抗击疫情一线

超声机器人技术是目前最先进的远程超声诊疗技术，通过 5G 网络可实现远程控制超声机器人进行实时操作，同步显示检查图像，医疗人员能够在远端进行诊断，并指导现场医护人员进行救治。

2020 年 2 月 18 日，远在 700 公里之外的浙江省人民医院远程超声波医学中心的专家，运用 5G 远程诊疗技术，通过手柄远程控制武汉黄陂体育馆方舱医院的超声机器人为患者进行超声检查，加快了病患的诊疗进程。

（二）新的灵活就业模式快速涌现

平台经济、共享经济等新模式新业态加快向各领域渗透，不断创造新职业、新工种和新岗位，这些新业态的出现，催生新型灵活就业模式快速涌现。传统的“劳”和“资”的界限被打破，劳动者过去的被雇用者的形式正发生变化，随着平台赋能个人和中小企业，创新创业门槛逐渐降低，大量自雇型、合约型等非雇佣就业形式以及大量兼职型就业形式不断出现，自我就业、分时就业等灵活就业规模不断提高。社会分工模式深刻变革，个人与企业间关系由传统雇佣关系变为新型合作关系，劳动者可以依照自己的兴趣和技能灵活选择工作机会，个人的积极性和创造性得到极大释放。

» 专栏 4-2

直播销售员纳入职业工种

随着经济社会发展、科学技术进步和产业结构调整，新产业新业态新模式孕育新职业。比如，短视频、直播带货等网络营销行业的兴起，互联网营销从业人员数量以每月 8.8% 的速度快速增长，覆盖用户规模达到 8 亿以上。截至 2020 年 3 月，我国网络直播用户规模达 5.60 亿，较 2018 年底增长 1.63 亿，占网民整体的 62.0%。2020 年 7 月 1 日，人社部、国家市场监管总局、国家统计局联合向社会发布了 9 种新职业，“直播销售员”被纳入职业工种。

（三）人类社会交往、知识获取方式发生重大变革

社交网络、移动互联、即时通信的广泛应用空前扩展了传统人际交往空间。人们的交往不仅是在物理空间面对面交流，微信、微博、短视频等新的社交媒体，正在快速形成巨大的影响力，成为日

常生活的重要组成部分。互联网作为载体赋予信息创造者充分的自由度，每个人是信息、知识的接收者，也是信息、知识的发布者、创造者。当前，随着互联网普及，互联网带来信息获取成本大幅下降，知识更新迭代速度加快，围绕知识交流、协作创新的交往也将日益提高，“知识改变命运”“网络传递价值”将成为影响乃至改变社会结构的重要驱动力。

六、治理方式重塑：数字化治理成为政府管理服务新利器

习近平总书记指出，要运用大数据提升国家治理现代化水平。要建立健全大数据辅助科学决策和社会治理的机制，推进政府管理和社会治理模式创新，实现政府决策科学化、社会治理精准化、公共服务高效化。[1]

（一）数据化成为提升政府治理能力的新途径

大数据正深刻改变着政府管理理念和治理模式，社会事业领域数据和资源集中整合，为政府及时、全面地掌握相关数据的变动情况和变化趋势提供了支撑。各国都在加快政府数字化转型进程，“用数据说话、用数据决策、用数据管理、用数据创新”成为提升政府治理能

[1]《习近平在中共中央政治局第二次集体学习时强调 审时度势精心谋划超前布局力争主动 实施国家大数据战略加快建设数字中国》，《人民日报》2017 年 12 月 10 日。

力的新途径、新方向。通过社会大规模生产、分享和利用数据产生聚集效应，工业生产、用电、运输、财政税收、工商登记等数据关联和融合分析，以及对市场主体、商品质量、消费投诉、商品价格、行政处罚、企业信用等数据的综合对比，能够更加真实全面地反映市场信息、经济运行走向、城市运转情况。数字政府建设、城市数据大脑的创新应用，将使政府决策更加基于科学的数据、分析和事实而非传统经验和直觉，避免随意性，大大增强了政府经济调节、市场监管、城市管理的科学性、精准性、前瞻性（见图 4–1）。

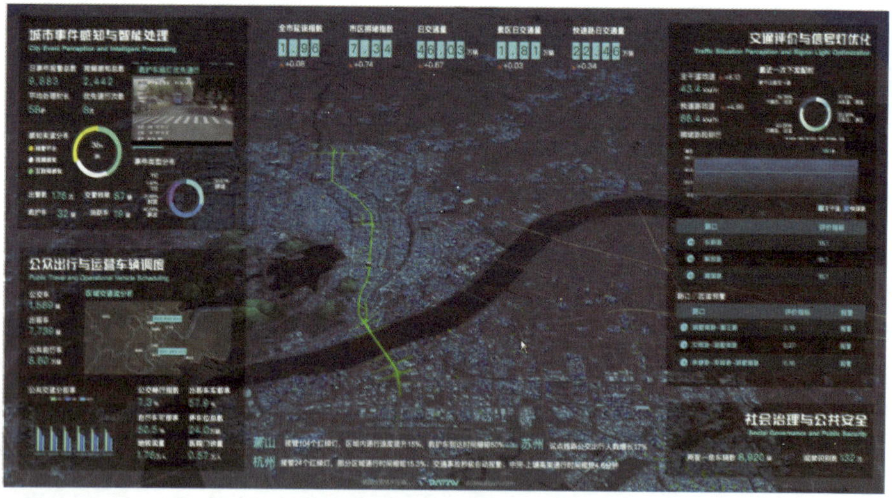

图 4–1　城市数据大脑示例图

（二）网络化催生社会治理的新变革

随着数据整合共享程度的提高，各社会管理主体之间的协同与合作不断增强，进而促进社会管理体制从碎片化向网格化转变。借助社会力量强化社会治理，共同应对复杂、突发社会问题，正在成为政府治理方式变革的重要方向。网络为多元主体协作提供了重要桥梁，政府数据公开为各方参与政府治理提供了手段。企业、社会组织和公众在通过数据开发利用，能够帮助政府开展更多社会治理增值服务。然而，政府数据开放必须处理好效率和安全的关系，开放度不够容易引发信息冗余、信息垃圾、信息孤岛等问题，开放度过大也可能带来失泄密问题，甚至危及国家安全。

» 专栏 4-3

数据技术助力社会治理现代化

当前，以数字技术为代表的技术革命推动我国社会治理重大转型，社会治理体系面临数字技术的重构。大数据正加速一切社会关系的足迹集合，并通过拓展平台功能、优化服务体验、创新应用模式，逐步解决社会治理过程中的信息不对称、行动反应迟缓、治理效能低下等问题。移动互联网应用将深刻改变政府传统运行模式，构建起网络化、在线化、数据化和智能化全天候政府，精准服务、在线监管、预测预判、事中事后处置、网络民意调查等能力全面提升，创新了宏观调控、社会管理、公共服务和市场监管模式。

（三）智能化促进公共服务更高效、更便捷

推动公共服务理念、服务方式、服务手段的全方位创新与变革，是打造服务型政府的重点方向。通过互联网、人工智能等新一代信息技术的运用，创新和优化公共服务供给，以线上线下融合便利群众获取服务，成为各国着力构建方便快捷、公平普惠、优质高效的政务服务体系，全面提升公共服务水平的重要方式。同时，大数据有助于政府部门更加实时、全面感知和预测公众所需的各类服务和信息，拓展与公众互动的沟通渠道，及时发现需求热点，多维度多层次展开分析，把面上的需求判断变为对需求细节的感知，使政府提供的公共服务更有针对性、更个性化、更加主动。

第二节

国际创新格局正在发生深刻变化需要在更高水平开展国际科技创新交流合作

全球科技创新和产业发展呈现出全球化、多极化、数字化、新工业化等发展态势，正在重构全球创新版图、重塑全球经济结构、改变国家力量对比，奠定新的全球竞争格局。创新驱动成为许多国家谋求竞争优势的核心战略。

一、全球化：创新迈向更深层次的合作

在经济全球化的今天，国际产业分工你中有我、我中有你，各国创新链、产业链、价值链“筋骨”相连。虽然当前经济全球化面

临挫折挑战，但其深入发展的大势难以改变。

（一）创新链和产业链全球化持续发展

随着经济全球化深入推进，技术和人才的全球范围流动的规模和水平不断提高，世界各国创新体系间的相互依赖度持续上升，通过创新组织方式的全球布局、创新要素的充分流动和资源互补，大大降低创新活动的成本和风险，不断提升创新的效率和水平。

国际科技合作主体不断扩展，发起大科学计划、建立政策性对话机制、共建研究平台、企业建立海外研发机构等合作新模式得到广泛应用。创新不再局限于内部研发，而是在更大范围内，运用技术、资本、平台等整合外部创新资源，实现更高的创新要素配置效率，通过创新成果转化推动产业链布局全球化和高效化。全球研发支出最多的 1 000 家企业中，绝大多数企业在海外开展研发活动。

与此同时，国与国之间的创新竞争迅速加剧，特别是人才竞争扩大到全球范围，发达国家利用其在国际格局中的优势地位，提升对国际高端人才的吸引力。发展中国家纷纷出台各种创新政策和高端人才计划，积极参与到全球创新资源和人才竞争中。

（二）人类命运共同体引领全球创新合作新理念

过去几十年中，全球化深入推进，但逆全球化的声音和行动也频繁出现。尤其是新冠肺炎疫情发生之后，由于国际贸易流通受限，一些依赖跨国供应链的企业生产面临阶段性的供应中断，使各国更加重视本土供应商。这些变化给创新链和产业链的全球化拓展带来不确定性。

但同时必须看到，全球传染性疾病、气候变化、生物多样性锐减、海洋污染等生态环境问题带来重大挑战，没有哪个国家能单纯依靠自身的力量来推进创新，也没有哪个国家能退回到自我封闭的孤岛，独自应对人类面临的各种挑战。世界各国更需要以负责的精神同舟共济，全面加强国际合作，携手把握新的发展机遇，对抗新的风险挑战。构建人类命运共同体，是习近平总书记着眼人类发展和世界前途提出的中国理念、中国方案，受到国际社会高度评价和热烈响应。以构建人类命运共同体理念引导经济全球化，促进创新链和产业链全球化，才能真正把握新机遇，实现合作共赢、共同发展。

二、多极化：创新版图重构形成新格局

全球 80% 以上的研发经费，集中在北美、东亚和欧洲三个地区。伴随着中国创新快速发展，印度、巴西、俄罗斯等新兴经济体成为创新活跃地带，全球创新多极化格局加速形成。

（一）全球创新版图加速重构

当前，新兴经济体和发展中国家凭借后发优势，实现群体性崛起，全球科技版图呈现多极化特点。研究发现，科学家流动的重心正在向东方迁移。进入 21 世纪后，亚洲的诺贝尔奖获得者人数有所增加，日本、中国、以色列、土耳其等亚洲国家均有诺贝尔奖得主，以日本人数最多（见图 4–2）。

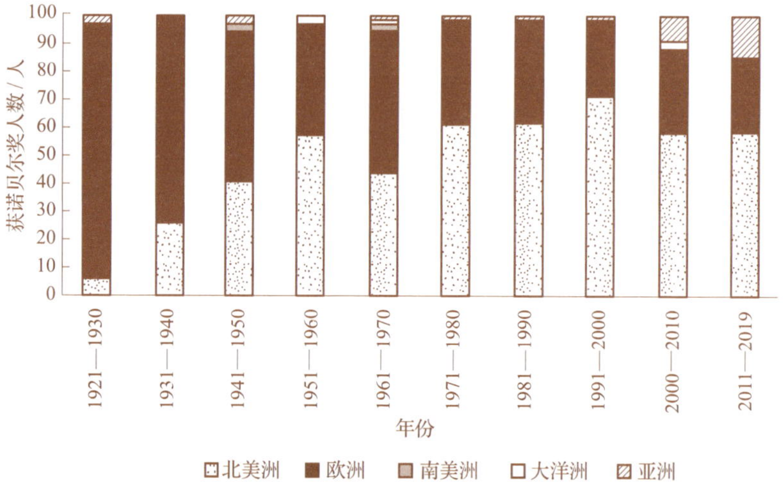

图 4–2　1921—2019 年诺贝尔奖的全球分布

2008—2018 年，全球 PCT 专利申请逐渐向亚洲国家迁移。数据显示，亚洲 PCT 专利申请量占全球的比例由 28.9% 上升至 50.5%。其余各大洲的 PCT 专利申请量占全球的比例均出现不同程度的下降，其中欧洲 PCT 专利申请量由 35.2% 下降至 24.5%，北美洲由 33.4% 下降至 23.1%（见图 4–3）。

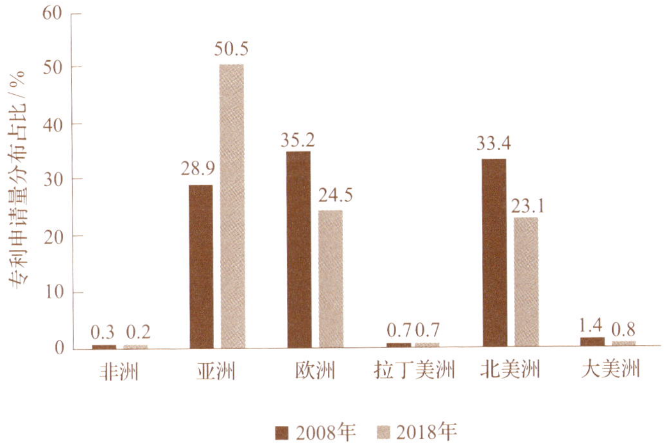

图 4–3　2008 年、2018 年全球 PCT 专利申请量分布占比

资料来源：世界知识产权组织WIPO数据库。

根据世界知识产权组织（WIPO）发布的 2019 年版《世界知识产权报告》，2000 年之前，日本、美国和西欧经济体占全球专利活动的 90%，全球科学出版活动的 70% 以上，随着中国、印度、以色列、新加坡、韩国等国家创新活动的增加，以上份额在 2015 年和 2017 年分别降至 70% 和 50%。2019 年全球 2/3 的专利申请来自亚洲，技术创新的中心地带开始从美国和欧洲加速向亚洲和太平洋地区转移。

（二）我国正成为全球创新网络的重要节点

我国创新能力不断提升。从创新投入看，我国研发投入总量将直追美国，研发强度已达到欧盟平均水平。目前，我国每年对全球研发经费投入贡献超过 1/6，对全球科技期刊论文的贡献超过 1/6，专利数量绝对优势稳固突出，专利质量有望大幅提升。图 4–4 为主要国家R&D投入占全球的比重，图4-5为主要国家和地区PCT专利申请量占全球PCT专利申请量的比例。

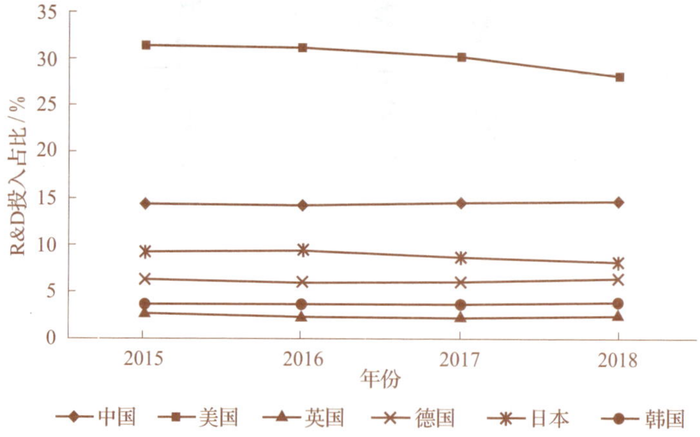

图4-4 主要国家R&D投入占全球的比重

资料来源：世界发展指标WDI。

注：图中2018年均为预测值，韩国2017年也为预测值，单位为现价美元。

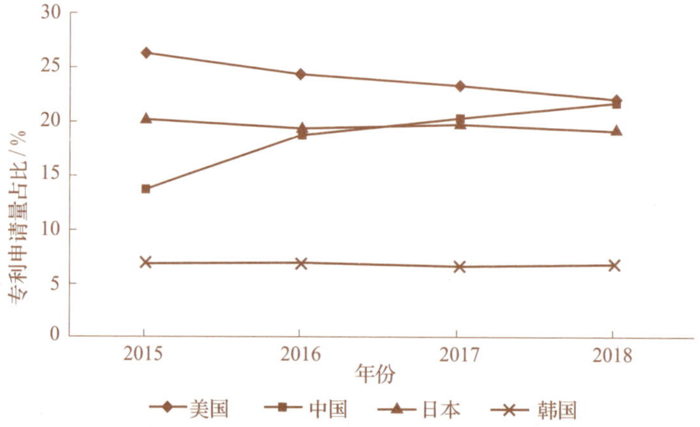

图4-5 主要国家和地区PCT专利申请量占全球PCT专利申请量的比例

资料来源：世界知识产权组织WIPO统计数据库。

从成效看，我国创新集群发展空间巨大。目前，全球前100位的创新集群主要分布在北美、欧盟和东亚地区。其中，欧盟有创新集群27个，美国25个，中国大陆16个，日本、韩国和印度各3个。未来5至15年，随着我国创新驱动发展战略和区域协调发展战略的深入实施，创新集群数量仍有较大增长空间，创新集群的优势领域将不断扩大。

我国制造业和高技术产业市场份额持续上升。进入21世纪以来，主要国家制造业的竞争格局发生重大变化，我国制造业和高技术产业产出占世界的份额持续上升。2002—2016年，我国制造业占世界总产出的比重从7.3%上升到28.6%，成为世界第一制造业大国；高技术产业占世界总产出的比重也从7.1%上升到23.5%，仅次于美国。从世界市场的产出份额来看，我国的制造业产出占到全世界近三分之一，在全球生产结构中的地位已经发生了明显变化（见图4–6）。

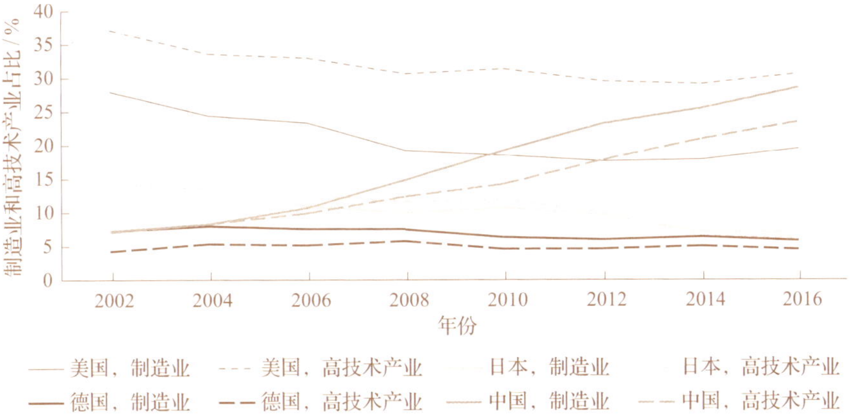

图4–6 主要国家制造业与高技术产业占世界市场份额

资料来源：《美国科学与工程指标2018》。

注：产出按增加值计算；中国数据不包括香港、澳门、台湾。

三、数字化：数字经济带来竞争新机遇

当前，全球经济越来越呈现数字化特征，数据成为重要生产要素，逐步渗透到社会生产全过程。5G、人工智能、区块链等技术快速发展，将新技术新产业基因源源不断注入到实体经济，驱动实体经济体系重构、动力变革和范式迁移。数字化趋势开辟国际竞争新赛道，美国、欧盟、日本、英国等陆续出台数字战略、数据战略，以期在未来产业变革中把握领先优势。

（一）各国争相布局发展数字经济

随着世界经济深度调整，许多国家都在寻找新的经济增长点，以更有效地提高资源利用效率和劳动生产率。数据要素驱动劳动力、资本、土地、技术、管理等要素高效利用，驱动实体经济生产主体、生产对象、生产工具和生产方式变革调整，引领经济运行效率和全要素生产率跃升，重塑实体经济核心竞争力，为经济增长注入新的强劲动能。在全球范围内，跨越发展新路径正逐步形成，新的产业和经济格局正在孕育，数字经济对全球经济增长的引领带动作用不断显现。各国抢抓数字经济战略机遇，各主要国家和地区纷纷采取了多项措施推动数字经济发展，包括整合设置专门的数字经济推进机构和职位，滚动出台数字经济领域的战略性政策，加大资金投入等，争相布局大数据、人工智能、5G 等领域（见表 4-1）。

表 4–1 部分国家或地区数字经济相关政策

国家或地区	名称
美国	《数字经济议程 2015》《数字经济议程 2016》《联邦大数据研究与开发战略计划》《在数字经济中实现增长与创新》《澄清域外合法使用数据法案》《数字经济的定义和衡量》《联邦数据战略 2020 年行动计划》
欧盟	《数字单一市场战略》《欧洲产业数字化》《网络平台与数字单一市场欧洲面临的机遇与挑战》《通用数据保护条例》《建立欧洲数据经济》《迈向数字贸易战略报告》《建立一个共同的欧盟数据空间》《塑造欧洲数字未来》《欧洲数据战略》
德国	《联邦数据保护法》《德国 ICT 战略：数字德国 2015》《2014—2017 年数字议程》《德国数字化战略 2025》《德国国家区块链战略》《数字化转型策略》
英国	《政府数字战略》《数字经济战略（2015—2018）》《政府转型战略（2017—2020）》《英国数字战略》《数字经济法案》《数字宪章》

资料来源：国家工业信息安全发展研究中心《国外发展数字经济的主要做法和启示》。

（二）数字经济治理规则成为国际规则竞争新焦点

随着科技革命和产业变革的深度演进，新技术、新模式、新业态加速涌现，带动社会经济发展的同时，也产生一些法律监管、数据安全等问题。例如，无人驾驶技术涉及的安全技术标准、检验、登记、保险、事故认定等监管规则问题，新一代人工智能带来法律、安全、就业、道德伦理等问题，大数据技术的发展带来数据安全与个人隐私信息保护等问题。电子商务、跨境数据流动、数字税、数字货币、网络安全、网络犯罪等成为全球国际规则博弈的焦点。世界主要国家纷纷布局数字经济治理体系，以期在未来发展中保持竞争优势。

近年来，美国脸书公司推出Libra数字货币，法国征收数字税，G20大阪峰会发布了《大阪数字经济宣言》并首提“有信任的数据流动”，互联网和数字经济议题几乎已广泛渗透亚太经合组织（APEC）各委员会和工作组。2019年1月25日，76个世贸组织成员方发表《电子商务联合声明》，确定各成员方有意在世贸组织现有协定和框架的基础上，启动与贸易有关的电子商务议题的谈判。这充分证明，数字生态“新物种”正在对传统治理体系形成强烈冲击，成为全球课题。

各主要国家纷纷推动已成熟的国内规则“国际化”，纷纷利用APEC、G20等综合性多边机制推动内部治理体系国际化。与此同时，美国、欧盟、日本等从区域协定入手，“化整为零”推广各自的数字经济主张。

四、新工业化：创新驱动成为新一轮工业化主旋律

全球经济增速放缓，原有发展方式面临挑战，发达国家纷纷实施以重振制造业为核心的“再工业化”战略，对高端制造业进行再调整再布局，以打造国家制造业竞争新优势（见图4–7）。

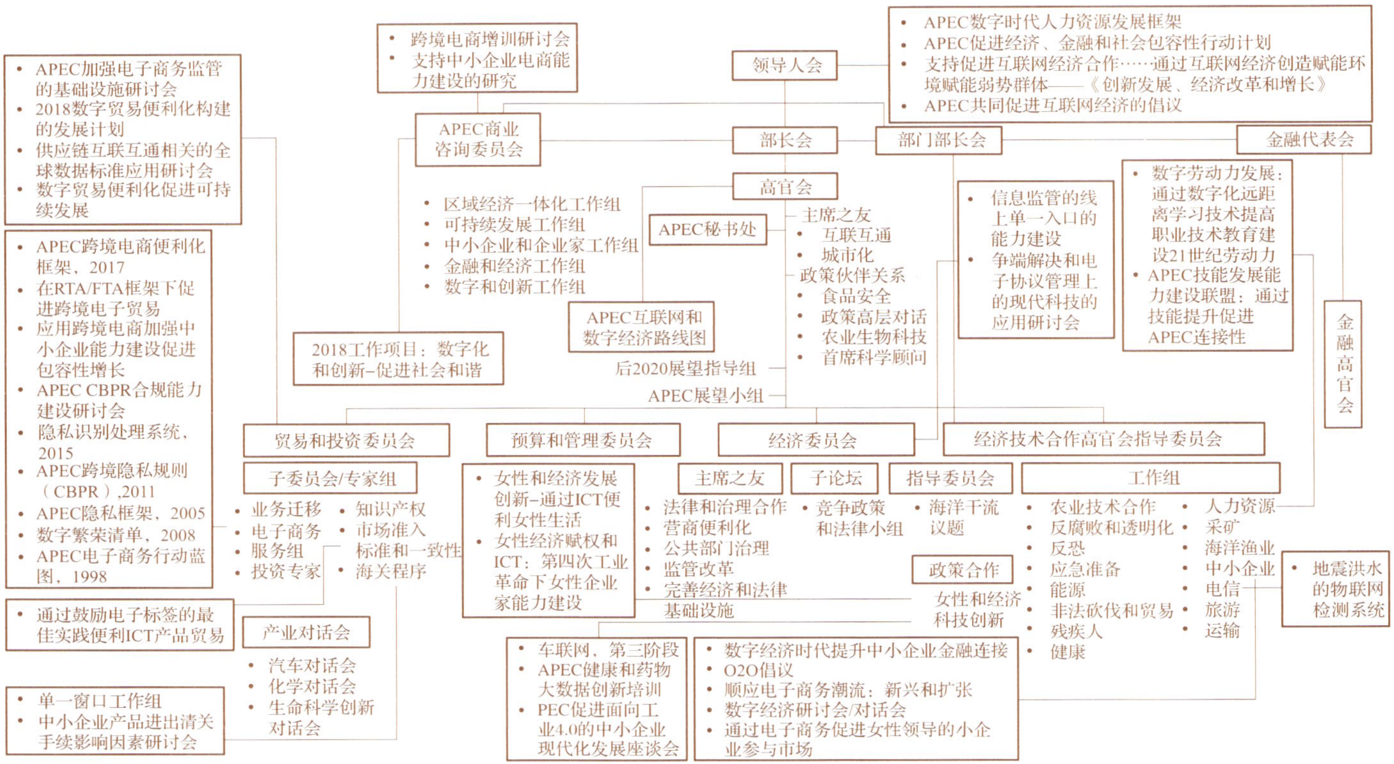

图 4–7　APEC 互联网和数字经济相关倡议

资料来源：《APEC数字经济相关倡议盘点》*Stocktake of APEC Initiatives related to the digital economy.*

（一）制造业数字化网络化智能化趋势明显

随着互联网、云计算、大数据、物联网、人工智能、3D 打印、生物识别、新型材料等多点突破和融合互动，新产业、新业态、新模式的快速兴起，制造业正在从“制造”变为“智造”，成为生产环节上下游积极联动的核心环节。国际制造企业布局平台化、扁平化趋势加速。随着数字技术在产业发展中不断渗透，价值链上下游的企业关系日趋扁平化，中间交易环节减少，为制造商直接联系消费者提供了可能，将改变以往垂直化的分工模式，不断形成网络状、节点式的扁平化分工模式。

（二）各国纷纷实施新工业化战略

以美国工业互联网、德国工业 4.0 为代表，发达国家对高端制造业再调整再布局，以打造国家制造业竞争新优势。德国出台《国家工业战略 2030》，目标使工业产值占比提升至 25%，以保证德国工业在欧洲乃至全球的竞争力。美国实施国家制造业创新网络计划，鼓励政府部门、大中小微企业、行业联盟与协会、高等院校等广泛参与，共建政产学研用联合体。德国实施创新能力网络行动，大力推进建设创新网络，着力打通技术创新和产业应用的渠道，促进科研成果的有效转化。在布局上，美国努力将墨西哥和部分拉美国家打造为自己的制造基地，西欧极力将东欧、土耳其等拉入自己的产业圈，日韩将供应链延伸到东南亚，全球可能出现多个高技术产业制造基地的新局面。

（三）技术创新成为新工业化关键要素

新工业化更加强调依靠创新和技术进步推动产业水平提升和价值链升级。智能化生产改变了传统生产环节的单一低级流水线作业的加工组装模式，利用高知识化和技术化建立壁垒隔离弱势企业，进而掌握生产环节的决策权力，升级制造环节的增值曲线，提升“微笑曲线”的中段。西方发达国家重启“再工业化”，实质是以高技术为依托，发展高附加值的制造业，如先进制造技术、新能源、环保、信息等新兴产业，从而重新拥有强大竞争力的工业体系。不少创新型大企业以底层基础技术与工艺构建起技术体系平台，集成全球创新资源，通过技术“锁定效应”实现“赢者通吃”（见表 4–2）。

表 4–2　部分国家新工业化相关战略

国家	战略	主要目标	主要内容
美国	美国先进制造业领导力战略	实现美国在先进制造全产业部门的领导力，从而确保国家安全和经济繁荣	将“技术、劳动力、供应链”作为保障先进制造业领导地位的核心要素； 明确了占领智能制造系统未来、开发世界领先的材料和加工技术、确保通过国内生产制造得到医疗产品、保持在电子设计和制造方面的领先地位、增加粮食和农业制造业机会吸引制造业劳动力、拓展职业技术教育途径、推动学徒制、促进工人与行业供需匹配； 提高中小制造企业在先进制造业中的地位、鼓励制造业创新生态系统建设、加强国防制造业基础建设、加强农村先进制造业建设等战略任务

续表

国家	战略	主要目标	主要内容
德国	国家工业战略2030	提高工业产值，保证德国工业在欧洲乃至全球的竞争力	在税收和征税等领域优化工业框架条件； 激发创新潜力并充分利用技术创新，同时进一步加强关键技术，使之成为结构变化的决定性驱动力和新型、高效产品或服务的基础； 提升德国工业竞争力还必须与保护德国的技术主权齐头并进
日本	日本制造业白皮书	日本制造业希望自动化与数字化融合的解决方案，获得更高的附加值	制造业人才的确保和培养； 支撑制造业基础的教育与研发； 制造业基础技术研发措施的推进； 促进制造企业与大学的合作； 正确评价制造能力，确保并改善劳动环境； 推进产业集群等，促进中小企业发展

▍第三节▍

站在新的历史起点上 需要坚定不移实施创新驱动发展战略

进入新时代，我国社会主要矛盾已经从“人民日益增长的物质文化需要与落后的社会生产力的矛盾转化为人民日益增长的对美好生活的需要与不平衡不充分的发展之间的矛盾”。站在新的历史起点上，实施创新驱动发展战略，释放更强增长动力，为加快解决我国经济社会发展矛盾问题带来了重大机遇。

一、我国处于全面深化改革、增强经济社会发展新动力的新起点

创新是引领发展的第一动力，是建设现代化经济体系的战略

支撑。过去那种主要依靠资源要素投入推动经济增长的方式行不通了，必须依靠创新。

（一）培育发展增长点，需要进一步激发全社会创新创业创造活力

近年来，我国大力推进创新驱动发展战略，着力培育壮大新兴产业，发展数字经济，采取审慎包容的态度促进新业态新模式新事物蓬勃成长，降低企业非税负担，并大幅提升政府服务便捷性，推动形成有利于新供给与新需求衔接的市场机制，加快培育新动能，促进产业升级和动力变革，取得明显成效，一批新产业、新业态、新技术、新模式蓬勃兴起，成为带动国民经济和社会发展的重要力量。

进入新时代，我国经济由高速增长阶段转入到高质量发展阶段，对培育壮大新动能提出了更高的要求，迫切需要进一步发挥创新作为第一动力的作用，进一步激发市场主体活力和社会创造力，提高服务新兴经济领域市场主体的快速响应能力和水平，构建形成适应新产业新业态发展规律、满足新动能集聚需要的政策法规和制度环境。要为创新创业清障搭台，优化服务流程，拓展发展空间，激发新的消费市场、就业形态和投资需求，用新动能推动新发展，以新发展创造新辉煌。

（二）让传统动能焕发生机，需要进一步加大知识、技术、数据等要素的赋能作用

2015年以来，我国先后启动实施“互联网+”行动、大数据战略、工业互联网建设等，传统产业转型升级步伐加快，制造业与新一代信息技术、绿色节能技术等不断融合，推动旧动能“焕发新春”，先进制造业和高技术制造业占比稳步上升，产业数字化转型步伐不断加快，范围从商贸流通等服务业向工业、农业拓展；传统制造业加速绿色化改造，引导产业向更加清洁、节能和安全的方向发展。但与此同时，相较于发达国家，我国传统产业规模大、基础弱、底子薄，关键技术能力和从业人员素质整体偏低。据有关机构测算，我国企业数字化、绿色化转型比例仍远低于欧洲和美国的水平。传统产业转型创新能力不足、行业地区发展不平衡、融合创新不充分等瓶颈问题亟待解决。

面向现代化经济体系建设和高质量发展的更高要求，必须“紧紧抓住创新、新工业革命、数字经济等新要素新业态带来的新机遇”，加快传统企业与互联网平台企业、高校科研院所、金融机构等的联合创新，促进传统产业与金融、物流、交易市场、社交网络等生产性服务业的跨界融合，推动知识、技术、数据要素对传统产业进行全方位、全角度、全链条的改造，提高全要素生产率，推动传统动能焕发生机。

二、我国处于适应经济发展新常态、转变经济发展方式的新起点

经济发展进入新常态，这是我国经济向形态更高级、分工更优化、结构更合理阶段演进的必经过程。必须着力转变经济发展方式，推动经济从规模扩张转向结构优化，从要素驱动转向创新驱动，从主要依靠投资、出口拉动转向依靠消费、投资、出口协调拉动，推动信息化和工业化深度融合，工业化和城镇化良性互动，城镇化和农业化互促互进。

（一）从追求速度转向质量效益优先，需要以创新提升产品和服务质量

近年来，我国各地区各部门坚持贯彻新发展理念，以供给侧结构性改革为主线，建设现代化经济体系，推动高质量发展，经济增长的质量和效益稳步提升。产业结构逐步升级。服务业较快发展，工业结构继续优化，需求结构趋于优化，城乡和地区发展差距有所缩小，创新驱动作用继续增强。

从经济周期演变的规律来看，要持续保持我国经济健康发展，必须进一步推动经济发展质量变革、效率变革、动力变革，提高全要素生产率，从微观层面不断提高企业的产品和服务质量，提高企业经营效益。面对颠覆性创新将带来传统产业的“归零效应”和新

兴产业的爆发式增长，我们必须直面挑战，抓住机遇，依靠创新提高发展质量和效益。通过创新促进新技术、新产品和新业态发展，提升产品和服务质量，不断增强我国经济创新力和竞争力。

（二）从规模扩张转向结构优化，需要依靠创新向全球价值链高端跃升

目前，我国建成了门类齐全、独立完整的产业体系，工业规模跃居世界首位。但同时，我国产业仍然面临大而不强、大而不优，存在自主创新能力弱、关键技术和高端装备对外依存度高等问题，亟须向价值链中高端跃升。

当前，我国面临着劳动人口增长率持续下降，社会成本和生产成本上升较快的严峻形势，传统支柱产业已经或即将进入生命周期成熟期，迫切需要大力发展战略性新兴产业，充分发挥其对经济结构优化的支撑带动作用，更多承载创新活动和高端要素，形成对经济高质量发展的长效驱动。

三、我国处于奔向更加美好生活的新起点

随着经济社会不断发展，人民对美好生活的向往更加强烈，对优质充足、高品质、多样化的社会服务需求也更为迫切，需要进一步解决发展不平衡不充分的问题。要把满足人民对美好生活的向往作为科技创新的落脚点，把惠民、利民、富民、改善民生作为科技

创新的重要方向。通过创新民生科技，提供更多“用得上”“用得起”“用得好”的社会服务。

（一）扩大优质服务资源供给，需要数字化转型解决社会服务资源供给相对短缺问题

改革开放以来，我国经济社会高速发展，积累了坚实的物质基础，人民收入水平不断提高，对社会服务特别是优质资源的需求也显著增长，而传统社会服务领域仍普遍依靠劳动力等要素投入，仍存在服务效率不高、受众有限、单客成本高等问题。以互联网、大数据等为代表的数字技术快速发展，在公共服务领域通过推进数字化转型实现资源倍增、服务提质展现出巨大发展潜力。近年来，我国深入实施大数据战略等政策举措，推进电子政务“一网一门一次”改革，组织信息惠民行动，开展群众办事百项堵点疏解行动，深化“让百姓少跑腿、数据多跑路”，不断提升公共服务的便捷化水平，为拓展更大范围服务主体加快数字化转型进程提供良好发展基础。

当前，服务资源特别是优质资源还相对短缺，社会服务领域资源供给亟须与快速增长需求相适应。为突破社会服务资源供给瓶颈，需要进一步借助创新手段，以数字化转型扩大资源供给。通过教育、医疗等服务资源的数字化倍增，有效缓解社会服务资源约束难题，进一步扩大资源覆盖和服务范围。同时，进一步加大公共数据的共享开放力度，促进文化、教育、医疗健康、养老等民生领域优质资源的共享复用，更好满足群众快速增长的需求。

» 专栏 4-4

数字化转型解决资源供给瓶颈案例

推进社会服务资源数字化转型，促进优质服务资源共享复用。慕课（MOOC）技术利用互联网将分布于世界各地的授课者和学习者联系起来，中国大学慕课（MOOC）平台推动了1 000余所高校建设的1.25万门课程上线，供2亿多高校学生和社会学习者选学，将更优质的教育资源提供给更多的受众。

（二）实现社会服务均衡普惠，需要网络化融合解决城乡、区域间优质社会服务资源配置不均衡问题

党的十八大以来，我国紧紧围绕改善民生、增进人民福祉，持续加大公共服务力度、提高服务水平、拓展覆盖面，公共服务体系不断完善。同时，近年随着“互联网+”行动深入开展，“互联网+”在民生领域深化应用，不断拓展和延伸公共服务范围，取得显著成效。通过推进农村特别是贫困地区网络基础设施建设，组织电信普遍服务试点，支持贫困村光纤网络、4G基站建设，加快扩大农村及偏远地区信息基础设施覆盖面，有力支撑网络教育、农

村电商等依托互联网的资源共享需求。以在线教育为例，2019年，全国实现中小学（含教学点）网络接入率达98.4%，中小学多媒体教室覆盖率达90.1%，网络教育切实打开了孩子通过网络学习成长、青壮年通过网络就业创业改变命运的通道。

目前，城乡间、区域间社会服务资源布局不平衡问题仍然存在，一体化联网服务、线上社会服务可及性还有较大提升空间，需要进一步通过创新方式，深化网络化协同，利用互联网泛在特性，推进服务远程可及、一体化协同，提供均等化、普惠化、便捷化社会服务。通过持续推进完善欠发达地区、偏远区域网络接入和基础能力，促进各类主体提供泛在性、广覆盖、均等化社会服务，推动优质资源向更广覆盖范围辐射，满足农村及偏远地区群众足不出户享受便捷高效服务的需求，不断缩小城乡、区域数字鸿沟。

» 专栏 4-5

网络化融合解决资源配置不均衡案例

深化区域间社会服务网络化融合，促进享受跨省、异地一体化服务便利。2018年9月，长三角上海、浙江、江苏等地区正式启动异地就医门诊结算工作，截至2019年

10月底，长三角地区全部41个城市完成全覆盖，联网医疗机构达到3 800余家，长三角门诊直接结算总量累计超过40万人次，涉及医疗总费用近9 000万元。

（三）更好满足人民群众对高品质社会服务需求，需要智能化服务激发新消费、培育新动能

随着经济社会不断发展，群众的生活越来越富裕，人民对高品质生活追求越来越强烈，对便捷化、智能化、个性化、时尚化社会服务提出更多需求。近年来，我国深入推进新型智慧城市建设，积极利用大数据、人工智能、物联网等新技术，推动"智能+"民生应用新模式新业态不断发展，智慧旅游、智慧交通、智慧医疗等场景不断丰富。特别是新冠疫情暴发以来，众多领域成为新技术的"试验场"、新模式的"练兵场"、新业态的"培育场"，智能陪护、无人配送、全景旅游等快速涌现和发展，进一步为社会服务转型升级赋能，在满足了群众疫情期间多样化、个性化需求的同时，也不断发展壮大新经济，通过培养消费习惯、增加用户黏性，有效激发新消费市场。

但与此同时，我国社会服务产品智能化水平仍显不足，新技术在满足多功能、个性化需求方面还有较大提升空间，新模式新业态的社会经济效益有待进一步发掘。满足高品质社会服务需求，需要

以智能化服务升级赋能，不断激发新消费、培育新动能，拓展“智能+”应用场景，带来更多高品质社会服务产品和服务，进一步满足人们多层次、个性化需求。同时，通过消费市场的升级，释放出更多发展新动能，形成可持续社会经济效益。

四、我国处于同世界深度互动、向世界深度开放的新起点

要深化供给侧结构性改革，充分发挥我国超大规模市场优势和内需潜力，构建国内国际双循环相互促进的新发展格局。着力打通生产、分配、流通、消费各个环节，逐步形成以国内大循环为主体、国内国际双循环相互促进的新发展格局，培育新形势下我国参与国际合作和竞争新优势。

（一）把握全球产业链重塑的新机遇，需要通过创新积极融入全球创新链

改革开放初期，我国通过发展劳动密集型加工制造业，参与全球大分工与经济大循环，通过持续产业升级，提高了在全球价值链中的位置，逐步成长为世界工厂。截至 2019 年，我国制造业增加值占全球市场份额达到 30% 以上，占全球出口贸易份额 13% 以上，占全球进口贸易份额超过 10%，我国已成为全球 120 多个国家或地区最大的贸易伙伴。我国奉行互利共赢的开放战略，不仅把

世界的机遇变成了中国的机遇，更把中国的机遇打造成了世界的机遇，成为推动世界经济增长的重要动力源。

当前，数字化、网络化、智能化技术的应用提高了产业链相关主体的连接性，传统的链式结构进一步演变为全球范围内多主体协同的开放式合作网络，为在更大范围内整合资源提供了可能。随着新一轮科技革命与产业变革迅猛发展，全球供应链、产业链、价值链不断深化与重塑将成为经济全球化发展的新特征。这就要求我们必须善于应变，依靠创新抓住全球产业重构的机遇，在产业链的生态中嵌入不可或缺的环节，推进产业链环节的一体化融合互动，实现在全球产业链价值链的跃升。

（二）巩固强大国内市场优势，需要以创新稳定优化产业链供应链

从整体上看，我国目前处于全球价值链的中间位置，依靠“大进大出”的加工贸易提升了创新密集型行业出口占比。据中国社科院专家有关研究测算显示，从 2009—2018 年我国四大类货物贸易行业的出口占比变动趋势来看，我国创新密集型行业出口占比最高，超过 55%。从变化趋势看，2009—2014 年我国创新密集型行业出口占比略有下降，2015 年后该类行业占比呈逐年上升态势，截至 2018 年底已超过 60%。总体上，我国出口贸易呈现“创新密集型行业主导”态势，充分反映了我国的劳动力成本上升与产业技术转型升级的基本事实，揭示了我国产业链推动创新链跨越发展的

动态过程。

当前，全球经济深度衰退，产业链供应链循环受阻，国际贸易投资萎缩，为降低成本，部分外向型加工企业转移到东南亚等成本较低的地区。面对新形势，我们要充分利用我国产业基础实力雄厚、产业链条完整，超大市场规模的特点，切实发挥内需优势，更好发挥创新作用，加大研发、设计等创新领域行业占比，畅通生产、分配、流通、消费等经济运行各个环节，推动实现内部自我循环，在填补外需下降的同时为经济高质量发展创造有利条件。

五、我国处于推进国家治理体系和治理能力现代化的新起点

党的十九届四中全会对推进国家治理体系和治理能力现代化作出一系列重大战略部署，对坚持和完善共建共治共享的社会治理制度，建立健全运用互联网、大数据、人工智能等技术手段进行行政管理的制度规则和推进数字政府建设等提出了明确要求。准确把握新兴技术发展趋势，充分运用新技术创新改善治理理念、治理模式、治理机制、治理手段，推进政府职能转变和政府管理服务创新，已成为实现国家治理体系和能力现代化的重要途径和必然要求。

（一）治理理念上：更加需要多元主体协同共治

党的十八大以来，习近平总书记高度重视社会治理问题，提出一系列关于社会治理的新观念新论断新思想，提出从“社会管理”到“社会治理”的新飞跃。互联网“即时互动、海量协同”资源组织的特性，与多元协同治理的需求不谋而合。依托云计算、物联网等新一代信息技术工具和网络化社交工具，海量用户得以更便捷了解、评论或者参与到社会治理的过程中，使政民沟通渠道更加通畅和多元化。

当前，新一代信息技术与经济社会各领域深度融合进一步深化，推动社会形态发生深刻变化，利益关系日趋复杂，社会风险点传导更快。政府要维护庞大的社会良性运行，更应调动广大公民、社会的参与，更需要依托互联网等新技术手段，突破传统的封闭模式，促进政民互动，聚集民意和民智，推动政府一元单向的管理向政府主导、公众参与、多元协同治理的共治新格局转变，借助社会力量和集体智慧提升政府治理能力。

（二）治理模式上：更加需要顺应创新发展的时代特点

近年来，我国深入推进“放管服”改革，行政审批大量减少，市场主体总量快速增长，新技术带动各类新业态层出不穷。新模式新业态的发展大幅降低了社会主体参与经济活动的门槛，互联网平台企业快速崛起，个人依托平台成为参与经济活动的重要微观主体，行业竞争格局瞬息万变，跨领域、跨地区的发展趋势越发明显。

随着新一轮科技革命和产业变革，跨界融合、平台生态等将更快发展，传统“以批代管”“重审批轻监管”“分业监管”“属地监管”等管理方式难以适应当前环境下市场监管要求。这对跨部门、跨地区协同治理提出更高要求，迫切需要落实包容审慎监管要求，深化信息技术应用，推动政府治理模式向事中事后治理，扁平化、平台化管理模式转变，以协同治理的大系统激发跨部门协同治理的“化学反应”，推进治理模式创新，全面提升治理效能。

（三）治理机制上：更加需要阳光透明的运行监督

近年来，我国深入推进“互联网+监管”“互联网+政务服务”，国务院开通了“互联网+监管”平台，通过“双随机、一公开”充分提升监管的公平性、规范性、简约性，有效减少了执法者的自由裁量权和寻租机会，促进依法行政、执法公正。推进政务服务“一网通办、只进一扇门、最多跑一次”改革，推动构建方便快捷、公平普惠、优质高效的政务服务体系，提高了群众满意度。

党的十九大报告指出，要健全党和国家监督体系，增强党自我净化能力，根本靠强化党的自我监督和群众监督。充分运用现代信息技术创新行政权力运行方式，实现全程留痕、阳光政府，促进依法执政，不仅是对公众知情权的尊重，更是完善群众监督的重要支撑。面对新要求，迫切需要以互联网思维重塑新时代下政务服务的新模式，以现代信息技术整合政务服务资源、优化再造服务流程、固化行政权力监管，加快构建多级联动、规范透明、资源共享、业务协同的网上政务服务体系，真正通过制度安排让权力运行切实公开透明，营造阳光透明的治理环境。

（四）治理手段上：更加需要数据支撑的科学决策

随着城市化进程的不断加快，社会治理的复杂度也将不断提升。这次新冠肺炎疫情防控的实践中，暴露出我国社会治理和智慧城市建设中依然存在不少问题。面对新挑战，迫切需要依托物联网、云计算、人工智能、区块链等新技术，推动社会治理向更加高效化、精准化、智能化的方向发展，提高对公共危机事件的源头治理、动态监控、应急处置和感知预警能力，提升政府决策支持和风险防范水平。

2016 年以来，国家发展改革委会同中央网信办等部门推进新型智慧城市建设，截至 2019 年 12 月底，全国所有副省级及以上城市、95% 以上地级及以上城市，50% 以上县级及以上城市已启动开展智慧城市相关工作。有关地方在智慧城市建设中，积极运用大数据手段提高城市治理效能，取得了良好成效。

专栏 4-6

我国完全有能力在新的起点上实现更大跨越

在重大变革面前，谁善于积势蓄势谋势，善于识变求变应变，谁就能赢得发展主动。在以习近平同志为核心的党中央坚强领导下，要充分发挥好我们的优势，坚定不移走中国特色自主创新道路，继续在加快推进创新型国家建设、世界科技强国建设的历史进程中建功立业，努力为实现“两个一百年”奋斗目标、实现中华民族伟大复兴的中国梦作出新的更大的贡献。

我国有党的坚强领导和中国特色社会主义制度的显著优势。中国特色自主创新道路的最大优势，就是我国社会主义制度能够集中力量办大事，这是我们成就事业的重要法宝。当前，新一轮科技革命和产业变革处于实现重大突破历史关口，很多技术日趋复杂，发展变化迅猛，迫切需要党的集中统一领导，进行全局性统筹协调和组织动员，这是我国独特的政治制度优势。

有长期积累的雄厚物质技术基础。特别是党的十八大以来，在以习近平同志为核心的党中央坚强领导下，我国科技创新与产业发展发生了历史性变革，取得了历史性成就，创新基础能力显著增强，科技创新实力快速提升，科技创新主体不断壮大，为我国攀登科学高峰、实施创新驱动、参与国际合作、服务民生需求提供了强有力的基础支撑。

有超大规模的市场优势和内需潜力。我国拥有14亿人口，人均GDP已经跨越一万美元的关口，中等收入群体大约有4亿人，市场主体达1.1亿户，生产资料和生活资料消费市场庞大，且具有明显的差异化、梯度化特点。不断壮大的、多层次的消费市场为科技创新提供了广阔的发展空间。

有庞大的人力资本和人才资源。“硬实力、软实力，归根到底要靠人才实力”。随着人才强国战略的深入推进实施，我国科技创新人才队伍建设取得积极进展，科技实力和国际影响力持续上升，为建设科技强国奠定了雄厚的人才供给和智力资本。

第五章

加快实施创新驱动发展战略 推动创新和高技术发展 工作迈上新台阶

“十四五”期间，是新一轮科技革命和产业变革同我国推动高质量发展的历史交汇期，也是我国创新驱动发展战略实施的关键时期。要坚持以习近平新时代中国特色社会主义思想为指导，贯彻落实习近平总书记关于创新发展的重要论述精神，深入贯彻新发展理念，牢牢把握“五位一体”总体布局和“四个全面”战略布局要求，面向现代化建设总体目标要求，着眼应对瓶颈制约和风险挑战，坚持走中国特色自主创新道路，深入实施创新驱动发展战略，深化改革激发创新活力，扩大开放拓展创新空间，完善融通创新生态，提升新型基础设施支撑能力，加速汇聚资本、数据、人才等要素，培育壮大新兴产业，壮大经济发展新动能，为建设世界科技强国和现代化强国，实现中华民族的伟大复兴奠定坚实基础。

第一节

建设新设施 夯实创新发展基础

习近平总书记指出，要加快5G商用步伐，加强人工智能、工业互联网、物联网等新型基础设施建设。[1]新型基础设施是以新发展理念为引领，以技术创新为驱动，以信息网络为基础，面向高质量发展和增进人民福祉需要，提供数字转型、智能升级、融合创新等服务的基础设施体系。

一、支撑国家发展战略需求，面向未来布局新型基础设施建设

回顾近代人类社会发展史，基础设施建设贯穿于每一次产业革

[1]《中央经济工作会议在北京举行 习近平李克强作重要讲话》，《人民日报》2018年12月22日。

命进程中，直接影响一国经济发展水平和社会文明程度。在第一次工业革命期间，运河和铁路的出现降低了煤的运输成本，使蒸汽机得以广泛应用；在第二次工业革命期间，电网的出现降低了电的生产和传输成本，使电力得以广泛应用；在第三次工业革命期间，互联网的出现拓展了人们获取多元信息的渠道，使计算机得以广泛普及。当今世界正经历百年未有之大变局，新一轮科技革命和产业变革处在实现重大突破的历史关口，各类新兴技术交织并进、融合互促，以信息基础设施为基础，新型基础设施的内涵外延不断演进升级，影响广度深度进一步拓展深化，正对全球经济发展产生重大影响。

2018 年以来，党中央、国务院对新型基础设施建设作出一系列重要部署。2018 年 12 月 21 日，中央经济工作会议指出，加强人工智能、工业互联网、物联网等新型基础设施建设。2019 年 7 月 30 日，中共中央政治局会议强调，加快推进信息网络等新型基础设施建设。2020 年 2 月 14 日，中央全面深化改革委员会第十二次会议强调，要以整体优化、协同融合为导向，统筹存量和增量、传统和新型基础设施发展，打造集约高效、经济适用、智能绿色、安全可靠的现代化基础设施体系。习近平总书记在浙江、陕西、山西考察时多次指出，要推进 5G、物联网、人工智能、工业互联网等新型基建投资。2020 年 5 月 22 日，《政府工作报告》明确提出，重点支持“两新一重”建设，新型基础设施是其中的重要内容。

社会各界对新型基础设施较为关注，对其内涵认识不断深化。当前和今后一个时期，应着眼于以下三个方面布局新型基础设施：一是信息基础设施。主要是指基于新一代信息技术演化生成的基础设施，比如，以5G、物联网为代表的通信网络基础设施，以人工智能、云计算、区块链等为代表的新技术基础设施，以数据中心、智能计算中心为代表的算力基础设施等。二是融合基础设施。主要是指深度应用互联网、大数据、人工智能等技术，支撑传统基础设施智能化转型升级，进而形成的融合基础设施，比如，智能交通基础设施、智慧能源基础设施等。三是创新基础设施。主要是指支撑科学研究、技术开发、新产品与新服务研制的具有公共属性的基础设施，比如，重大科技基础设施、科教基础设施、产业技术创新基础设施等。

二、把握新型基础设施特征，提升长期供给质量和效率

相较于交通、能源、水利、市政、物流等传统基础设施，新型基础设施更加注重由横向覆盖向纵向渗透转变，由规模增长向集约高效转变，由刚性统一向智能敏捷转变，由封闭运行向开放共享转变。要把握新型基础设施的“新”特征，提升长期供给质量和效率。

范围“新”。与传统基础设施一样，新型基础设施也向社会提供基础性、公共性服务，具有资金投入大、建设周期长等特点，是

典型的资本密集行业。但相较传统基础设施，新型基础设施的范围和领域有较大不同。同时，由于各类信息技术的突破性创新、融合性创新更加活跃，与经济社会各领域深度融合，新型基础设施的形态和边界不断演进拓展，范畴持续扩展延伸。比如，以人工智能、云计算、区块链等为代表的新技术基础设施，以数据中心、智能计算中心为代表的算力基础设施等已成为经济社会发展不可或缺的基础服务。又如，随着生产生活方式向数字化、智能化方向发展，利用物联网、人工智能等信息技术对传统交通、电力等基础设施改造，实现了向智慧交通、智能电网等新型基础设施的转型。再如，随着人类认知和控制力极限向深空、深海、深蓝等极限方向发展，重大科技基础设施已由粒子物理与核物理、空间与天文等传统领域，拓展到海洋、信息网络等新兴领域，形态已经由集中的“大科学装置”拓展到多设施协同、网络化布局等。

技术“新”。传统基础设施技术相对成熟，而新型基础设施更加依赖新兴技术突破，在新一轮科技革命和产业变革驱动下，相关技术创新速度更快、迭代周期更短。比如，与新型基础设施相关的大数据、人工智能、云计算、区块链、数字孪生、物联网、车联网等信息技术，大多是近十年才出现，其具体的发展运营模式和对经济社会作用方式，仍需不断探索和创新。又如，信息技术具有广泛通用性，与先进制造、新能源、新材料等技术交叉融合，群体性、颠覆性突破将不断涌现，进而持续推进融合基础设施的演进升级。再如，生命科学领域突飞猛进，传统生物实验室远不能满足新技术研发需求，性能卓越、系统性强、技术复杂程度高的蛋白质生物医学成像、模式动物等重大科技基础设施建设，为生命科学研究提供了极限研究手段，改变了生物医药等产业竞争格局。

需求“新”。新型基础设施可以实现数据的收集、存储、分析和应用，已为数据成为新的生产要素提供了物质支撑，社会对新型基础设施的功能需求超出了以往范畴，更加关注其带动性、引领性和赋能性。新型基础设施的建设将激发新的产业和市场需求。例如，5G 商用化部署将推动虚拟现实 / 增强现实终端、可穿戴设备、智能家居、新型工业机器人等新型终端的发展，也将使高清视频、无人机、远程手术等新型应用走向大规模普及，刺激新产业和新需求增长。又如，车联网的部署，将加速自动驾驶、无人驾驶汽车等的发展，给整个汽车产业带来新的变革。

模式“新”。新型基础设施的参与主体、建设场景较为多元复杂，投入、建设、运营和管理模式丰富多样。例如，目前 5G 网络主要由基础电信运营商承建，但在特定的工厂、码头、矿山等行业应用场景下，又有部分社会资本有较大承建意愿，要统筹发挥各方积极性。又如，数据中心投资规模相对较低，社会需求旺盛，各方投资建设热情较高，因而发展出自建自营、租用自营、合作运营、他建他营等众多模式。再如，城市大数据平台等重要的新兴融合设施，技术门槛高，研发投入大，后期迭代升级非常重要，完全靠公共部门建设维护较为困难，因此发展出政府主导型、政企合作型、企业主导型等多种模式，公共部门通过资源置换、购买服务等多种方式引入高科技企业参与合作。

三、完善规划政策和体制机制，加快构建新型基础设施体系

“十四五”时期推动新型基础设施的建设和发展，要强化顶层设计，明确发展方向，深化技术创新，着力提升产业基础能力和产业链水平，破除制约发展的政策壁垒，充分调动社会各方资源，加速建设信息基础设施，稳步发展融合基础设施，超前部署创新基础设施，构建高层次高水平的新型基础设施体系。

（一）加强顶层统筹设计，坚持分类施策，建立不同类型新型基础设施的发展体系

新型基础设施涵盖多个细分领域，不同层次、不同类型的新型基础设施在公共属性、投资规模和运营主体等方面存在一定差异性，因此在新型基础设施政策设计时不能完全相同，要突出差别，因业施策，分类推进。

加快发展信息基础设施。加快网络基础设施升级演进，部署5G网络建设，扩大千兆光纤宽带网络覆盖，建设新一代智能化超大传输容量光传输网络，提升多协议接入、智能化采集、高并发处理等物联能力，发展新型智能算力基础设施。

稳步升级融合基础设施。积极推动5G、人工智能、大数据、云计算等技术在智慧交通、智慧港口、智慧能源中的应用，打造通用、互联的工业互联网，提升传统基础设施服务质量和效益。统筹推动传统基础设施规划建设管理一体化、布局协调化、治理多元化、应用融合化，促进新型基础设施与传统基础设施融合发展。

超前部署创新基础设施。建设重大科技基础设施，推动科教创新基地、联合实验室和开源社区建设，推动协同创新，增强原始创新能力，提升服务经济社会发展水平。打造创新基础设施的技术生态体系，构建紧密合作的创新网络。

（二）强化创新驱动，提升技术水平，夯实新型基础设施发展底层

新型基础设施技术属性强。要不断提升技术水平和能力，实现快速迭代发展，提升服务能力和效率，衍生出新的内容和形式，辐射更多行业，塑造新的商业模式和服务形态，推动更多行业转型升级，加快培育新产业。

提升信息网络技术水平。推进网络建设所需重大技术研发，促进5G、云计算、大数据等新一代信息技术融合发展，推进在车联网、“互联网+”协同制造等重点领域深化应用。强化标准制定和研究，夯实支撑作用。

提升智能优化技术水平。推动人工智能前沿理论和关键技术创新，持续拓展人工智能应用领域，建设人工智能开放创新平台，促

进成果扩散与转化应用，强化人工智能创新发展的条件支撑和配套体系。

提升融合创新技术水平。推动新一代信息技术与制造技术融合创新，提升传统基础设施的数字化、智能化水平，推进工业互联网网络与平台建设，培育智能化生产、网络化协同、规模化定制等新模式。

（三）深化体制改革，降低准入门槛，提升新型基础设施长期供给质量和效率

新型基础设施具有投资大、技术门槛高等特点，项目投资回报率低、投资周期长，对深化体制机制创新、激发各类市场主体积极性创造性的诉求更加迫切。要放宽市场准入，强化投融资模式创新，完善配套监管体系，形成各类社会主体"敢投资"和各类项目"易融资"的常态。

进一步放宽业务市场准入。以重点领域关键环节为靶点，制修订重点行业准入条件，加快建立统一开放、竞争有序的市场体系。消除民营企业参与新型基础设施建设和发展的隐性壁垒，激发民间投资潜力。加大外资引进力度，真正实现应进则进。

进一步拓宽项目资金来源。坚持以市场投入为主，鼓励和引导多元主体加大投资力度。支持金融机构多途径增加有效融资供给，降低企业融资成本，提供更多金融产品服务。充分利用基础设施信托投资基金（REITs）试点和地方政府专项债等支持方式，创新政

府引导方式。

进一步完善监管政策体系。按照鼓励创新、包容审慎的原则，以促进提高市场主体竞争力和市场效率为导向，不断完善新型基础设施的监管体系，创新监管方式，强化政府、企业、公众、协会的协同监管，建立新型市场监管机制。

（四）发挥市场作用，调动全社会积极性，加快推进各类新型基础设施建设

新型基础设施建设源于经济社会发展的需求，要根据技术特点和成熟度把握建设节奏，鼓励地方和企业开展多样化的商业模式探索，在应用中催熟商业模式，在市场竞争中形成优势企业，进而逐步加大新型基础设施的建设和投资力度，形成良性循环。

在公共性强、最低投资规模大的基础通信网络等领域，推动相关基础电信运营企业加大投入，鼓励投资多元化，提高设施的服务能力和效率，完善电信普遍服务补偿机制。

对于专业化服务要求高、规模化门槛低的平台，如物联网、人工智能等设施，政府应完善投资环境，系统规划引导各类企业加大投入，激发多元投资活力。

对传统设施改造的新型基础设施项目，主要以政府引导、企业实施的模式为主，迅速提升新型基础设施发展水平。

第二节

突破新技术 提供高质量科技供给

习近平总书记指出，要强化科技创新策源功能，努力实现科学新发现、技术新发明、产业新方向、发展新理念从无到有的跨越，成为科学规律的第一发现者、技术发明的第一创造者、创新产业的第一开拓者、创新理念的第一实践者，形成一批基础研究和应用基础研究的原创性成果，突破一批卡脖子的关键核心技术。[1] 提供高质量科技供给，要明确支撑发展的方向和重点，加强科学探索和技术攻关，形成持续创新的系统能力。

[1]《习近平在上海考察时强调 深入学习贯彻党的十九届四中全会精神 提高社会主义现代化国际大都市治理能力和水平》，《人民日报》2019 年 11 月 4 日。

一、把握科技发展规律，加快构筑支撑高端引领的先发优势

推动科学技术发展，需要深化对其发展规律的认识，把握好科学研究和技术突破的关键特征，自觉以对规律的认识和对特征的把握来指导行动，力争实现我国整体科技水平从跟跑向并行、领跑的战略性转变，在重要科技领域成为领跑者，在新兴前沿交叉领域成为开拓者，创造更多竞争优势。

科学、技术和创新是不同概念，有其各自的内涵和发展规律，国内外学者将它们之间的区别和联系作为一个基本问题，开展了大量的研究讨论。遵循科学、技术和创新各自发展规律，各国都致力于构建差异化的政策支持体系，并形成了一些普遍共识。科学研究的主要目的是认识自然规律、揭示事物本质，主要任务是提高人类认知水平，不追求直接经济效益。技术开发的主要目的是“改造自然”，主要任务是解决生产生活实际问题，追求先进适用。创新的主要目的是创造价值，主要任务是创造新产品、新服务、新模式等，追求市场竞争力。深刻认识和把握科学、技术和创新的客观规律，让科学研究回归公益属性，让竞争前技术开发回归应用引领，让产业化技术开发回归市场驱动，对我国选准科技创新主攻方向、合理配置创新资源、有力支撑经济社会发展具有重要意义。

当今科技发展以群体突破、跨界融合为特征，不断挑战人类认知和控制能力极限，重大科学问题日益综合、复杂，凭借单一技术领域领先、某一产业创新优势很难形成体系化竞争优势，更加依赖重大科技基础设施和新型工具，需要多学科协同和先进手段的综合运用。比如，以硅基互补金属氧化物半导体 CMOS 为基础的集成电路技术逐步逼近材料和器件的物理极限，科技界、产业界启动超摩尔探索，花费巨大人力物力财力，向更高更难更复杂的新材料、新结构、新原理宣战。

面对新形势，要发挥市场配置资源的决定性作用和更好发挥政府作用，推动基础科学研究主要依靠科学家原创精神，产业技术开发应用发挥好企业创新创造活力，战略性技术攻关强化政府“有形之手”作用，强化产学研协同创新，增强科技创新体系化能力，加强科技安全风险防范，集中力量实现科技创新重大突破。

二、优化总体布局，明确科技创新主攻方向和突破口

（一）面向世界科技前沿

基础研究是整个科学体系的源头，是所有技术问题的总开关。我国基础科学研究短板依然突出，重大原创性成果缺乏，要瞄准世界科技前沿，准确研判重大科学问题的突破方向，下好“先手

棋”，打好基础、储备长远，实现前瞻性基础研究、引领性原创成果重大突破，夯实世界科技强国建设的根基。

一方面，基础研究不断向宇观拓展、微观深入和极端条件方向加速进阶发展，一些重大科学问题可能出现原创性突破。比如，随着观测技术手段的不断进步，人类对宇宙起源和演化、暗物质与暗能量、微观物质结构、极端条件下的奇异物理现象、复杂系统、脑科学研究等的认知将越来越深入，要加强面向世界前沿的科学问题研究，强化对宇宙结构与演化、粒子物理、地球探测、生命起源与演化、脑认知与类脑智能等领域的重大科学问题研究。

另一方面，前沿基础研究的重大突破可能改变和丰富人类对客观世界与主观世界的基本认知，不同领域的交叉融合发展可望催生新的重大科学思想和科学理论，要加强基础科学问题研究和交叉研究，推动数学、物理、化学、生命、地球、工程与材料、信息、医学、管理等各学科领域方向的基础科学问题研究，鼓励开展跨学科研究。

此外，基础和应用之间的联系日益紧密，面向实际应用、开发全新市场的场景式研发与创新，正有力地促进着多领域技术组合，进而对基础研究形成逆向牵引，要强化问题导向的基础研究，推动重要领域的共性理论突破。

（二）面向国家重大需求

面向国家重大需求的战略高技术研究，是从根本上保障国家经济安全、国防安全和其他安全的关键。当前，国家对战略科技支撑的需求比以往任何时期都更加迫切，必须围绕国家重大战略需求，着力攻破关键核心技术，抢占事关长远和全局的科技战略制高点。

从发展趋势看，战略高技术的制高点向深空、深海、深地、深蓝拓进，不断开辟人类认识世界、利用资源的新疆域，太空、深远海、互联网络等已经成为战略必争之地。比如，空间站、载人航天器等战略高技术快速发展，互联网技术广泛向金融、工业、交通、电力等行业渗透。要聚焦在信息、生物、新材料、空天、制造、新能源等方向，部署战略高技术研究。

在信息领域，重点开发新一代人工智能、集成电路、先进计算、移动通信、区块链、基础软件等技术。在生物领域，重点推动分子育种与全基因组选择、基因编辑、合成生物学、精准医学、生物数据开发与共享等技术。在新材料领域，重点推动材料基因工程、材料素化、结构与复合材料、功能与智能材料、电子材料等技术开发。在空天领域，重点推动空间飞行器在轨服务、先进宇航动力、空间物资利用及制造、空间智能控制等技术。在先进制造领域，重点推动高性能制造、智能工厂、激光制造、增材制造、半导体制造等技术研发。在新能源领域，重点推动先进核能、先进储能、氢能与燃料电池、新型风光发电、非常规电能传输等技术突破。

（三）面向国民经济主战场

科学研究既要追求知识和真理，也要服务于经济社会发展和广大人民群众。经过改革开放40多年努力，我国经济总量已经居世界第二。但是，我国经济发展不少领域大而不强、大而不优。经济社会发展对科技创新的需求十分迫切。我国低成本资源和要素投入形成的驱动力明显减弱，社会发展面临人口老龄化、消除贫困、保障人民健康等多方面挑战，需要依靠更多更好的科技创新实现经济社会协调发展。

为推动产业创新发展，要依靠新技术推动制造业向高端、智能、绿色、服务方向发展，瞄准信息通信、能源、材料、航空航天、装备制造、医药等领域，加快突破核心技术和系统性技术解决方案，解决瓶颈制约问题。为实现绿色发展，要增强生态产品供给能力，发展生态系统保护与修复、环境污染防治、废弃源头减量减害等技术。为推动城乡协调发展，要发展绿色高效用水、智能农林业装备、农林产品精深加工、智慧农业等技术，加强新兴服务、创新型科研服务、科技云平台、媒体融合等技术开发和应用。为推动全社会共享技术发展成果，要加强慢性病治疗与精准医学、传染性疾病防控、新药创制、创新医疗器械、中医药传承创新等技术研发，开发社会风险防控、产品质量安全、生物安全、交通安全、公共安全装备等技术，发展智能建造、低碳城市能源系统、智慧出行、智慧物流、智慧市政系统。

三、聚焦能力建设，推动形成持续创新的系统能力

（一）强化原始创新，增强源头供给能力

健全国家实验室体系。国家实验室是攻坚克难、引领发展的战略科技力量。要加快国家实验室建设，以重大科技任务攻关和国家大型科技基础设施为主线，整合全国创新资源，建设突破型、引领型、平台型一体的国家实验室。围绕重大原始创新和关键核心技术突破，重组国家重点实验室体系，推动基础研究、应用基础研究、前沿技术研究融通发展。

强化高等院校和科研院所创新人才培育能力。推进高等院校科研体制机制改革，允许高等院校自主开展学科专业设置和调整，引导实施大院系改革，积极培育新兴学科。着力深化科研院所分类改革，率先建成国家创新人才高地，率先实现科学技术跨越发展，率先建成国际一流科研机构。

强化重大科技基础设施支撑引领能力。重大科技基础设施在科技活动开展中具有战略性、基础性、先导性作用，已经成为抢占科技制高点的物质技术基础。要以提升原始创新能力和支撑重大科技突破为目标，对接国家重大科技计划、重大建设工程等任务实施，分类推进任务导向型、应用支撑型、前沿引领型、公共平台型国家重大科技基础设施建设，为重大创新活动提供极限研究手段。

» 专栏 5-1

国家重大科技基础设施

重大科技基础设施是为探索未知世界、发现自然规律、引领技术变革提供极限研究手段的大型复杂科学技术研究装置或系统，是突破世界科技前沿和解决经济主战场、国家重大需求、国家安全中重大科技问题的物质技术基础，是国家统筹布局、长期稳定运行、面向社会开放共享的新型基础设施。

“十四五”时期，坚持面向世界科技前沿，面向国家重大需求，面向经济主战场，强化自主研制，完善体系布局，支撑核心技术创新，建设高水平的国家重大科技基础设施体系。着眼抢抓新一轮科技革命和产业变革历史机遇，强化设施布局的前瞻性和战略性。着眼支撑经济高质量发展对核心技术的强大需求，强化设施布局的实用性和开放性。着眼进入创新型国家前列和建设世界科技强国目标，强化设施布局的系统性和连续性。

（二）推动产学研深度融合，强化关键核心技术和前沿技术供给能力

强化企业创新主体地位。推动企业成为技术创新的主体，要培育一批核心技术能力突出、集成创新能力强的创新型领军企业。要发挥市场对技术研发方向、路线选择、要素价格、各类创新要素配置的导向作用，让市场真正在创新资源配置中起决定性作用。鼓励行业领军企业建立高水平研发机构，形成完善的研发组织体系，集聚高端创新人才。

强化关键核心技术创新平台建设。围绕经济社会发展的重大需求和行业发展方向，强化国家产业创新中心、工程研究中心、技术创新中心等产业创新平台建设，整合行业上下游、产学研创新资源，共同建设规模体量大、单个创新主体建不起或多个创新主体分建不划算的开放性创新平台，汇聚优秀创新人才，开展关键核心技术攻关。

发展行业前沿共性技术研究体系。支持部分大型企业依托转制科研院所，组建面向行业共性基础技术、前沿引领技术开发的行业研究院，增强共性技术研发能力，开展下一代战略性技术和产品开发。

推进产学研用一体化。建立以企业为主体、市场为导向、产学研深度融合的技术创新体系，支持龙头企业整合科研院所、高等院校力量建立创新联合体。引导领军企业联合中小企业和高等院校、

科研院所，围绕产业链系统布局创新链，提供产业技术整体解决方案。

（三）推动技术转化应用，增强服务经济发展能力

建立专业化技术转移服务体系。完善科技创新服务链条，以技术市场、资本市场、人才市场为纽带，以重大需求和场景为驱动，发展研发设计、中试熟化、创业孵化、检验检测认证、知识产权等各类服务机构，破解从技术突破、产品开发到市场应用、产业发展的瓶颈，打通成果转化“最后一公里”。

培育面向市场的新型研发机构。新型研发机构是聚焦科技创新需求，主要从事科学研究、技术创新和研发服务，投资主体多元化、管理制度现代化、运行机制市场化、用人机制灵活的独立法人机构，旨在促进科技成果转移转化、推动科技创新和经济社会发展深度融合。要围绕区域性、行业性重大技术需求，发展面向市场的新型研发机构，推动投资多元化、运行模式多样化，提供多种形式的先进技术研发、成果转化和产业孵化等服务。

建设开放联动的技术市场。聚焦国家和区域、行业发展需求，构建多层次技术市场体系，强化互联网、大数据等先进技术应用，实现成果、资金、人才、服务、政策等创新要素高效集聚流动，推动技术市场与资本市场联动发展。

第三节

发展新产业 培育壮大新动能

习近平总书记指出，要抓紧布局数字经济、生命健康、新材料等战略性新兴产业、未来产业，扩大战略性新兴产业投资，着力壮大新增长点，形成发展新动能。[1]战略性新兴产业是以重大技术突破和重大发展需求为基础，对经济社会全局和长远发展具有重大引领带动作用，知识技术密集、物质消耗少、成长潜力大、综合效益好的产业，代表新一轮科技革命和产业变革的方向，是培育发展新动能、获取未来竞争新优势的关键领域。

[1]《习近平在浙江考察时强调 统筹推进疫情防控和经济社会发展工作 奋力实现今年经济社会发展目标任务》，《人民日报》2020 年 4 月 2 日。

一、把握创新发展机遇，拓展产业发展新领域

党的十八大以来，党中央、国务院相继出台一系列培育和发展战略性新兴产业的政策措施，国家发展改革委会同战略性新兴产业发展部际联席会议成员单位，不断完善顶层设计和制度建设，营造有利发展环境。近年来，以新一代信息技术、高端制造、生物、绿色低碳、数字创意为代表的战略性新兴产业快速发展，数字化智能化绿色化深入推进，跨界融合趋势愈加明显，已成为推动产业结构转型升级、经济高质量发展的重要动力源。

当今世界正经历百年未有之大变局，人类社会正进入第四次工业革命时期，以信息技术、生物技术为主导的新一轮科技革命和产业变革正在积聚力量，新业态新模式层出不穷，融合发展速度之快、范围之广、程度之深前所未有，不断开辟生产力发展新空间，创新生产方式和发展模式。技术变革驱动和新需求引领，让一些原先受到技术瓶颈约束的产业得到了快速发展的机会，也催生了众多新产业，给战略性新兴产业提质扩容增效带来新机遇，发展空间十分广阔。

“十四五”期间，战略性新兴产业要积极适应新变化新趋势，牢牢把握新机遇，持续壮大优势领域，积极拓展新领域，推动以颠覆性技术创新和技术融合为驱动力，能够引领创造未来社会发展新需求，拓展人类社会进步和发展空间，深刻改变人类生产生活方式

的产业发展，为经济发展提供强大引擎。例如，要推进生命健康产业发展。构建基于干细胞与再生技术的医学新模式，促进组织工程产品和生物 3D 打印产品的应用转化。加强合成生物技术研发与应用，研究推进人工生物器件临床应用和产业化。加快脑科学领域关键技术突破和产品研发，研制脑机接口及类脑人工智能器件，发展智能化社会服务技术及平台体系。又如，要推动空天海洋产业发展。发展快速、机动、可靠、安全、廉价、可重复使用的运载技术。研制新型应用卫星，服务国民经济建设。发展新一代深海远海极地技术装备及系统。建立深海区域研究基地，支持海洋资源利用关键技术研发和产业化应用。研发极地资源开发利用装备和系统，发展极地机器人等装备。再如，要加快构建新型信息网络体系。系统布局新型网络架构、技术体系和安全保障体系研究，研发自主网络操作系统，研究构建泛在融合、绿色带宽、智能敏捷、集约高效、安全可信的新型网络。

二、探索发展模式创新，打造产业发展新优势

“十四五”期间，要立足我国庞大工程师红利、市场空间广阔、资源能源供给相对充裕等优势，以及“一带一路”沿线国家和地区发展实际和需求，最大限度释放企业的创新活力，激发人才的创新潜力，强化产业全局统筹和重点推进，加速培育壮大经济增长新动能。

（一）夯实产业发展基础

提升产业基础能力和产业链现代化水平。以夯实产业基础能力为根本，系统梳理我国重点产业领域的科研实力和技术储备现状，加快基础零部件、基础原材料、基础工艺和产业技术基础等产业基础领域补短板。构建安全高效的产业链体系。遵循科技创新、产业和经济发展的客观规律，围绕产业链部署创新链，围绕创新链布局产业链，加快形成以基础研究带动应用技术突破、以技术引领产业发展、以产业推动技术创新的良性循环，着力构建以国内大循环为主体、国内国际双循环相互促进新发展格局。培育壮大具有市场竞争力的创新型企业。发展一批具有全球影响力的创新型领军企业，在细分领域打造一批具有较强创新力的“隐形冠军”企业，提升行业技术创新能力和水平。

（二）探索融合发展路径

促进技术创新和传统产业发展相融合。充分发挥数据要素和人才资源的带动整合作用，重点推动新兴技术与医疗卫生、农业农村、健康养老、文化旅游、教育体育等产业融合，实现战略性新兴产业对传统产业的转型、带动和跃升。推动不同产业和应用场景相融合。在部分有基础、有条件的地区率先打造若干网络经济先行示范区，持续扩大智造经济中高端市场供应的规模，大力推动生物技术深度融入经济社会发展，积极拓展绿色经济应用示范空间，全面提升创意经济产品服务质量和水平。推动产业发展和城市建设相融合。推动战略性新兴产业发展与城市群、都市圈建设有机融合，加快形成以产促城、以城兴产、产城融合的发展态势。

（三）打造集群发展模式

优化产业集群区域布局，结合国家区域战略，着力优化战略性新兴产业重大生产力布局，推动形成“创新引领、特色鲜明、优势互补、协同发展”的区域发展格局。提升集群竞争力影响力。加快引导政策、人才、资金和数据等资源要素有效集聚，打造集群快速发展所需的环境，充分发挥国内超大规模市场优势，培育形成一批产业生态主导型企业，不断提升企业及集群在世界上的影响力。推动产业集群协同合作。引导集群与集群之间，通过联合开展技术研发、产品创新、生产经营等形式，构建产业间链式发展、区域间相互合作的协同发展机制。

（四）优化产业发展生态

创新治理方式。进一步放宽新产业、新业态的市场准入，探索包容创新、多元参与的监管方式，破除旧管理规制对新技术、新业态发展的束缚。构建宽容失败的法律保障体系，构建更加有利于创新创业者轻装上阵、东山再起的制度体系。持续完善产业发展政策环境。探索在要素市场化配置、人才引进和培育等方面形成政策合力，加快构建市场化、法治化、国际化营商环境。对标国际先进水平，确立对内外资企业等各类市场主体一视同仁的营商环境和基本制度规范。加强金融产品和服务创新。引导金融机构加大对战略性新兴产业支持力度，积极完善适应战略性新兴产业特点的信贷管理和贷款评审制度，探索建立战略性新兴产业投融资信息服务平台，促进银企对接。

》专栏 5-2

国家战略性新兴产业集群发展工程

国家战略性新兴产业集群发展工程是落实国家区域战略、推动经济高质量发展的综合性、系统性工程，是推动战略性新兴产业向全球产业链价值链中高端迈进的有力举措。

“十四五”时期，深入推进国家战略性新兴产业集群发展工程，将主要围绕京津冀、长三角、粤港澳大湾区等重点区域，在新一代信息技术、生物医药、高端装备、新材料、新能源、新能源汽车、数字创意等领域，统筹谋划、分类指导，优化战略性新兴产业重大生产力布局，部署一批具备世界竞争力的战略性新兴产业集群，推动在产业公共服务能力、龙头企业培育、产业生态建设、财税金融支持、体制机制改革等方面形成政策合力，按照“先行先试、成熟一批、推广一批”的方式，加快战略性新兴产业间纵向链合、横向协同的能力，提升重点区域间战略性新兴产业协同发展水平，构建以国内大循环为主体、国内国际双循环相互促进的新发展格局，打造实体经济、科技创新、现代金融、人力资源有机结合的新增长极。

三、聚焦关键重点领域，构筑产业体系新支柱

立足发展需要和产业基础，大幅提高现有战略性新兴产业的技术水平，继续推动新一代信息技术、高端装备、生物产业、绿色低碳、新材料等产业高质量发展，构筑产业体系新支柱。

（一）加快发展新一代信息技术产业

新一代信息技术是本轮科技革命和产业变革的核心。未来五年，我国新一代信息技术产业的发展重点是实现从产业到经济的转变。“十四五”期间，加快推动5G、物联网、工业互联网、人工智能、云计算、数据中心等新型基础设施建设，开展大数据、AI算法、人工智能、无人驾驶、量子计算等领域的研发，推广机器人、北斗导航等应用，推动智慧交通、智慧医疗、工业互联网、智慧城市、超高清视频等发展。

（二）加快发展高端装备制造产业

高端装备是我国从制造大国迈向制造强国的主要短板，是我国与美国、德国等制造强国的主要差距所在，也是我国把握制造业转型升级主动权、形成竞争新优势的关键所在。未来五年，我国高端装备制造产业的发展重点是提升产业核心竞争力。要强化新材料研发能力，前瞻布局前沿新材料研发；研发数控机床、通用航空、智能机器人、关键零部件和电子元器件等领域中的关键技术装备，推进装备制造商的服务型制造转型；推动航空产业领先突破，加快卫星及应用产业发展，强化轨道交通装备领先地位，增强海洋工程装备国际竞争力。

（三）加快发展生物产业

现代生命科学及生物技术与信息、材料、能源等技术加速融合，融入生产生活方方面面，生物产业已成为世界经济中增长最快、技术创新最活跃的产业之一。未来五年，生物产业的发展重点是实现从培育到壮大的转变，要加大力度支持生物创新药、医疗器械等研发和产业化发展，提高药品供应保障和重大疾病防治能力。加快农业育种向高效精准育种升级转化，形成一批具有国际竞争力的生物育种企业。

（四）加快发展绿色低碳产业

绿色发展、低碳发展是时代主旋律，能源开发利用方式的革命性进展是产业变革的关键。未来五年，在新发展理念的指引下，绿色低碳产业的发展重点是实现从倒逼到引领的转变，要推动可再生能源利用成本不断下降，加快新能源、新能源汽车和节能环保等产业推广普及，推进节能装备、节能技术系统集成、节能服务建设，提升绿色化发展水平。

（五）加快发展数字创意产业

移动互联网、大数据、虚拟现实（VR）、超级感知等新一代科技革命不断将数字创意产业推升至全新的高度。未来五年，数字创意产业的发展重点是打造世界竞争力和影响力，要深入挖掘中华传统文化深厚底蕴，提升创作生产及传播服务技术装备水平，提升创新设计水平，实现资本和技术双轮驱动，打造国际数字创意城市，支持鼓励有条件企业走出去，强化对外输出文化影响力。

» 专栏 5-3

发展生物经济

当前，伴随现代生物技术迅猛发展、生命健康需求快速增长，生物经济正处在孕育待发的重要历史关口。总体来看，生物经济是基于现有生物技术及其外延技术的发展而产生的新经济模式，基于生命科学理论，以基因、细胞、育种、合成生物等技术进步和普及应用为特征，围绕保护、开发、配置、使用生物资源，提供生物技术产品和服务，形成的物质生产、流通、交换和分配模式及制度体系的新经济形态。

生物经济以生物资源的开发利用为基础，基因、细胞、生物体等实物资源和生物数据资源，是厚植生物经济竞争力的源头所在。生物经济以现代生物技术为条件，基因测序、合成生物等技术的持续涌现，为生物医药、医疗器械、生物制造等产业发展提供了可能。生物技术广泛向其他产业融合渗透，是生物经济重要特征。细胞治疗技术推动生物医药发展，生物育种技术有效保障粮食安全，生物基材料技术为人类绿色发展创造更好条件。生物经济的发展需要政策体系保驾护航，对政策稳定性、部门协调性提出很高要求。生物安全是生物经济长远发展的基础，需要把生物安全纳入国家安全发展大局，围绕重大传染病、动物疫情、生物技术滥用等领域，建立健全风险防控体系。

第四节

用好新要素 加快发展数字经济

习近平总书记指出，要推进互联网、大数据、人工智能同实体经济深度融合，做大做强数字经济。[1] 数字经济是以数据作为关键生产要素，以网络通信技术作为核心驱动力，以现代信息网络作为重要载体，通过网络信息技术在农业、工业、服务业、公共服务等重要领域深度融合应用，重塑经济社会发展与治理模式的新型经济形态。

[1]《习近平在中国科学院第十九次院士大会、中国工程院第十四次院士大会开幕会上发表重要讲话强调 瞄准世界科技前沿引领科技发展方向 抢占先机迎难而上建设世界科技强国》，《人民日报》2018 年 5 月 29 日。

一、加快构建数字经济，顺应时代变革趋势

数字经济作为一种经济社会发展新范式，正随着信息技术对经济社会各个领域作用的不断深化而逐步形成和发展。当前，以网络信息技术为代表的创新多领域、群体性加速突破，大量数据资源不断产生并对经济运转发挥日益重要的作用，经济运行成本逐步降低、效率显著提升，数字经济正在带动整个经济形态发生变革。用好新要素，加快发展数字经济，对于推进供给侧结构性改革、培育壮大经济发展新动能、加快新旧动能接续转换具有重要意义。

回顾我国数字经济发展历程，从 1994 年我国接入国际互联网算起，经过近 30 年发展，信息技术与经济社会各领域不断深度融合，逐步构建形成了新的经济形态，总体上经历了四个阶段。第一阶段：1994—2003 年，以我国接入国际互联网为标志，这一时期的数字经济以信息内容服务为主要特征。新闻门户网站和搜索引擎为代表的互联网企业迅速涌现并发展壮大；“数字福建”启动实施，区域信息化发展进入顶层设计发展阶段；以“三金工程”（金关、金卡、金桥）为代表的政府信息化正式启动，政府办公进入信息化支撑的发展阶段。第二阶段：2003—2013 年，以电子商务迅猛发展为标志，这一时期，以第三代移动通信（3G）为代表的互联网技术快速发展，带动新产业新模式大量涌现，互联网开始向以商贸为代表的多个领域扩展应用，社交网络开始出现。金盾、金审、金

税等“十二金”工程启动建设，政务信息化进入业务信息化支撑阶段。第三阶段：2013—2019年，以“数字中国”建设和大数据战略、“互联网+”行动实施为标志，我国信息化发展进入以“数字中国”为顶层设计，新一代信息技术和经济社会广泛融合的发展阶段。数据成为重要资源，大量互联网平台蓬勃发展。政府进入了以政务信息系统整合共享为代表的大平台大系统大数据阶段。数字化生产力快速发展，平台经济、共享经济兴起。第四阶段：2019年开始，以党的十九届四中全会首次将数据作为生产要素为标志，数字进入以数据要素为引擎的新阶段。这一阶段，数字经济正在逐步成为引领科技革命和产业变革的关键力量。数据要素深度融入各行各业，对传统生产要素的渗透、带动和提升作用不断增强，对全要素生产率提升作用不断凸显。产业数字化深度转型和跨界融合的生态正在形成，企业和社会组织的形态开始发生重大变化，政府信息化开始向数字政府整体转型演进。数字化生产关系快速重构。数字货币、数字证照、数字签章、数字凭证、电子发票等创新应用快速涌现，平台经济、共享经济、数字贸易等经济新范式广泛兴起，推动传统经济范式发生变革。

二、发挥数据要素的关键作用，把握好数字经济发展特点

准确把握和理解数字经济发展的特点，对于推动“十四五”时

期数字经济发展至关重要。从数字经济目前的整体发展趋势看，需要把握好以下特点。

（一）从生产要素看，需要积极营造适宜数据要素流通应用的基础环境

着力发挥数字基础设施的支撑作用。每一次经济形态的启动和成长阶段，新的基础设施会大规模率先快速扩张从而对经济发展形成支撑。数字经济时代，数据成为新的生产要素，需要网络等信息基础设施作为载体，支撑数据要素发挥作用。同时，通过融合基础设施的广泛部署支撑更多传统要素实现数字化，进而为生产要素的重构变革和引领物资流、人才流、技术流和资金流创造基础条件。

构建合适的体制机制实现数据资源高效集聚利用。不同于传统生产要素，数据具有非排他性、使用价值难以衡量、权属难以确定等新的特点。需要构建合理的数据要素市场化配置体制机制，保障数据要素流通，才能有效地发挥好数据作为生产要素的关键性作用。

（二）从社会生产看，要发挥好网络信息技术对传统生产方式的优化作用

有效降低信息不对称性，提高有限生产要素的利用效率。依托网络信息技术构建线上线下融合的平台能够有效降低信息搜寻和处

理成本，从而提高了既有资源与要素的配置效率。依托互联网平台构建形成的定制化生产模式，让消费者需求能够及时与生产者实现精准匹配，从而让传统的以生产为中心向以消费为中心的转变成为可能。

打破各类要素投入生产的时空约束，扩大生产要素供给。通过将现有的生产资料数字化，能够助力有效跨越时空的阻隔，实现生产要素的高效供给。远程办公平台让人们跨越了物理空间的阻隔，扩大了劳动力的供给与劳动时间的投入。依托互联网平台的各种灵活就业让个人不必进入特定的组织就可以成为独立的市场主体，个体直接受市场利益驱动，能够极大地释放其积极性和创造力，客观上就是增加了知识、劳动力等更多生产要素的供给。

（三）从治理方式看，要以数字化创新应用构建形成新手段、新机制助力形成更加高效的治理模式

发挥好信息技术的作用，有效放宽事前准入，加强事中事后监管。工业经济时代，事前信息不对称性大。因此通过加强事前治理，规定经济主体参与经济活动前必须具备一些基本条件，能够有效降低信息不对称，降低风险。数字经济时代，技术条件发生根本变化让放宽事前准入，加强事中事后治理成为可能，同时也成为促进数字经济繁荣发展的内在要求。一方面，信息技术使得信息的获取变得容易，事前信息不对称程度大幅降低。严格事前监管以降低信息不对称带来的风险的必要性从根本上被削弱。适当放宽市场准

入有了内在要求。另一方面，互联网相关技术快速迭代，行业竞争格局瞬息万变，面对海量市场主体涌入，传统的“以批代管”“重审批轻监管”的管理方式已跟不上数字经济时代创新发展的节奏和步伐。

积极推动模式创新，加强跨部门协同，实现政府主导下的多元共治。数字经济时代，海量个体参与市场竞争，跨界竞争成为常态，平台开始具备了公共属性，治理体系正与时俱进，进行着适应性调整，呈现出新的特征。各类主体的数字化发展为基于大数据的技术创新管理提供了手段。同时，跨界融合成为发展常态，一点接入全网服务成为基本特征，跨领域、跨地区的发展趋势越发明显，对跨部门协同配合、联合管理等提出了新的要求。平台作市场活动的组织者，数字经济时代需要将平台以及平台的广泛参与者均纳入治理体系，明确责任边界，利用和引导社会力量参与治理已经成为治理模式创新的新方向。

三、着力释放数据要素价值，推动数字经济实现高质量发展

“十四五”时期推动数字经济发展，要着力发挥好数据作为新型生产要素的关键作用，发挥好数字技术的驱动作用，着力提升数字化生产力，加速我国经济社会各领域数字化发展步伐，带动数字经济向着更高层次更高质量健康发展。

（一）培育完善数据要素市场，着力发挥好数据对提高生产效率的乘数作用

加快推进数据要素市场化改革，推动构建数据要素市场化配置机制，数据要素市场体系，完善数据要素市场制度，持续提升数据要素治理效能，平衡好数据要素的收益分配，形成高效公平的数据要素收益分配机制。

健全完善数据要素管理制度。统筹推进数据要素配置管理，加快制定数据要素基础性制度，为数据要素高效配置提供基本政策依据。研究推动制定数据定价标准，为数据交易提供定价依据。适配优化与数据要素流通相关的财政、税收、金融、投资等政策，健全完善与数字化生产力相匹配的数据要素流通分配政策。推动明确数据权利类型，确定数据权利主体，厘清数据的控制边界和使用范围，实现更加安全高效有序的数据确权和价值流转。

推动数据要素市场化配置机制。推动完善数据资源体系，健全数据生产要素按贡献参与分配的机制。加强数据资源采集汇聚，推进数据采集、标注、存储、传输、管理、应用等全生命周期价值管理，构建全流程数据链。加快推进数据要素市场建设，鼓励依法合规开展数据交易，充分发挥数据要素价值，积极推进生产领域数据资源价值化进程。

部署提升数据应用和运算能力。统筹推进全国一体化国家大数据中心体系布局，加强通信、电力、能耗、城市规划、产业布局等

方面政策协同，加快完善行业标准规范，强化技术产品联通适配，促进跨行业、跨区域业务协同应用，打造数字供应链。推动国家算力资源优化配置，积极引导区域行业性云计算中心、灾备中心等合理规划和布局建设。在城市交通、能源、通信、环保等公共基础设施中广泛部署智能感知终端，形成全面覆盖、泛在互联的智能感知网络，提升公共基础设施的智能化水平。

（二）大力推进产业数字化，加快经济社会各领域数字化转型步伐

着力夯实数字化转型基础支撑能力，强化数字化转型服务和能力供需对接，激发企业数字化转型内生动力。着力推动打通数字化转型整个业务环节，利用互联网新技术新应用对传统产业进行全方位、全角度、全链条的改造。

完善数字化转型的支撑体系。加快数字化转型共性技术、关键技术研发应用。鼓励各类平台、开源社区、第三方机构面向广大中小微企业提供数字化转型所需的开发工具及公共性服务。拓展数字化转型多层次人才和专业型技能培训服务。以政府购买服务、专项补助等方式，鼓励平台面向中小微企业和灵活就业者提供免费或优惠服务。

加快传统企业转型步伐。实施“上云用数赋智”行动，提升产业数字化公共服务能力，鼓励平台企业创新“轻量应用”“微服务”，对中小微企业开展低成本、低门槛、快部署服务，政府和市

场共同发力，降低转型成本。培育重点行业应用场景，树标杆示范，发布典型案例和转型指引，发展网络化、智能化、定制化新型生产方式，促进网络工厂、模拟制造、个性生产、众包设计等新模式新业态发展。

建立产业互联网平台生态。鼓励有能力的企业开放转型资源，加强产业链、供应链协同，带动上下游企业共同转型。引导平台企业、行业龙头企业整合开放资源，鼓励以区域、行业、园区为整体，共建数字化技术及解决方案社区，构建产业互联网平台，为中小微企业数字化转型赋能。协同推进供应链要素数据化和数据要素供应链化，支持打造“研发＋生产＋供应链”的数字化产业链，支持产业以数字供应链打造生态圈，构建“虚拟产业园”和“虚拟产业集群”。

（三）大力推进数字产业化，着力培育新业态新模式

推动数字产业化，打破传统惯性思维，发挥好信息技术创新驱动的作用，不断催生新业态新模式，用新动能推动新发展。深入推动实施数字经济新业态新模式培育行动，给市场创新提供更多想象空间，充分调动市场主体创新积极性，激活要素资源，激发市场活力，更好地释放数字化在实体经济各领域创新效能。

大力推动数字产业创新发展。积极培育壮大数字化生产力，推动核心电子元器件、高端芯片、操作系统、人工智能关键算法、数据库、边缘计算、区块链、虚拟现实/增强现实、内生安全等数字

技术和产业发展。推动完善数字产业链条，壮大产业集群，打造数字化生态。培育跨领域、协同化、网络化的数字经济创新平台。

着力培育新型消费服务模式。推动建立与线上服务新业态新模式相适应的制度规则，创新服务模式供给。着力促进信息技术与教育、医疗健康、养老、文化等公共服务领域深度融合，进一步发挥数字技术对有限实体资源的放大效应。支持发展常态化的远程办公，支撑提高工作效率、业务协同模式创新和业务组织方式变革。打破传统业态按区域、按行业治理的惯性思维，探索触发式监管机制。

积极鼓励发展新个体经济。处理好代替老就业与创造新就业的关系，进一步支持新型就业形态蓬勃发展，完善就业劳动保障制度，降低依托互联网平台灵活就业创业门槛。推动降低个体经营者线上创业就业成本。着力激发各类主体的创新动力和创造活力，鼓励“副业创新”。探索适应跨平台、多雇主间灵活就业的权益保障、社会保障等政策。探索对创造性劳动给予合理分成，降低创业风险，激活全社会创新创业创富积极性。

大力培育共享经济新业态。探索生产资料所有权和使用权分离改革，大力推进实物生产资料数字化，促进生产资料共享，促进数据要素流通，引导增值开发应用。推动开辟共享生活新空间，大力发展生活消费新方式，培育线上高端品牌。推动打造共享生产新动力，探索构建高质量的生产服务要素，依托互联网、云计算等技术，盘活闲置资源。

» 专栏 5-4

鼓励发展数字经济新业态新模式

激活消费新市场方面，将健全完善与线上服务新业态新模式相适应的制度规则，创新服务模式供给，培育线上教育、互联网医疗、线上办公、数字化治理等线上服务新业态。

壮大实体经济新动能方面，将提升数字化转型公共服务能力和平台“赋能”水平，增强数字化转型能力供给，降低转型门槛，培育产业平台化发展，加快企业数字化转型，打造跨越物理边界的“虚拟”产业园和产业集群，发展基于新技术的“无人经济”。

发展新个体经济方面，将推动完善保障制度，推广线上线下融合服务，促进自主就业、“副业创新”、多点执业等就业新业态发展，激发市场主体创新创业内生动力。

创新生产要素供给方面，将探索深化所有权和使用权分离改革，以物质生产资料数字化支撑共享共用，发展共享生活、共享生产、共享生产资料、数据要素流通等共享新模式。

（四）推动政府管理、社会治理数字化创新，加快构建数字经济多方协同治理体系

着力提升数字经济治理体系和治理能力现代化水平，强化多元治理、技管结合和数字化公共服务创新。充分利用数字技术手段，推动数字经济治理由封闭管理向开放治理、由粗放管理向精准治理转变，实现治理思维变革、治理手段优化、协同治理进阶。科学制定发展规则，合理设置安全阀与红线，探索治理新模式，防范和化解安全风险。

加快推进数字政府建设。深入推进政府各层级、各部门间数据系统整合共享，推进公共数据开放标准、规则体系建设，加快构建个人信息保护法律制度体系。建立完善互联网、大数据、人工智能等技术手段进行行政管理的制度规则。积极探索推进治理体制机制改革，以适应数据跨境流动、数字税、数字货币等新治理领域。

构建包容审慎监管的多元协同治理体系。推进政府治理理念、方式变革，深化包容审慎监管，探索平台经济、共享经济触发式监管模式。探索推进区块链技术等创新应用，加快构建以信用为基础的新型监管机制。落实互联网平台主体责任，引导互联网平台加强自律，规范管理和经营行为。加快构建第三方协同治理体系，鼓励行业协会等专业力量参与监管，拓展公众参与治理渠道，形成全社会共享共治体系。

推进新型智慧城市建设。完善城市感知网络部署，推进城市一

体化监测感知能力建设。探索建设基于城市治理服务场景的城市数据大脑，推动城市神经系统往基层下沉、向周边拓展，深化安全管控、交通治理、城市管理等智慧化应用，构建一体化运营管理、应急处置智能决策系统。加快构建区域间新型智慧城市联网标准、规则体系，推进跨区域治理一体化能力建设。

完善网络空间安全保障体系。要充分利用社会化信息平台资源，构建形成协同联动、开放共治的网络安全协同治理业务体系，要筑牢网络安全防线，提高网络安全保障水平，强化关键信息基础设施防护，加强网络安全预警监测，确保个人隐私和大数据安全，实现全天候全方位感知和有效防护。推动网络安全技术创新和科研成果转化，全面提高网络治理能力。

第五节

做强新高地 构建引领创新发展的增长极

习近平总书记指出，要遵循创新区域高度集聚的规律，形成几个具有创新示范和带动作用的区域性创新平台。[1] 建设区域创新高地，要聚焦国家重大区域发展战略，加快打造一批具有强大的科技创新策源功能、高端产业引领功能和示范带动效应的区域创新高地，辐射带动全国创新发展。

一、构筑区域创新高地，增强经济发展动力

在现代区域经济格局中，中心城市和城市群集聚能力强、空间

[1]《习近平主持召开中央财经领导小组第七次会议强调 加快实施创新驱动发展战略 加快推动经济发展方式转变》，《人民日报》2014 年 8 月 19 日。

效率高、规模效应明显，是经济发展最活跃的增长极和动力源。在创新资源高度集聚规律作用下，全球创新资源加速向若干区域集聚，催生了一大批创新要素集聚、创新体系健全、创新效益高、创新效率好、辐射带动作用强的创新高地，成为带动经济发展的动力源。放眼世界，美国的波士顿—华盛顿城市群、日本的太平洋沿岸城市群等，都是本国经济发展极为重要的创新增长极。这些区域汇聚了本国乃至全世界大量的创新资源，也贡献了大部分的科技创新成果。根据世界知识产权组织等机构共同发布的《2019 年全球创新指数报告》，东京集中了日本约 30% 的高等院校和 40% 的大学生，1/3 的研究和文化机构，50% 的 PCT 专利产出和全世界 10% 的 PCT 专利产出。

创新高地作为影响区域发展的重要变量，是后发地区迎头赶上、实现跨越发展的新动力。比如，美国东北部五大湖地区由于水运便利、矿产丰富，在 19 世纪后期已经成为重工业中心，但随着传统重工业纷纷倒闭，该地区从繁荣走向衰落，被形象地称为“铁锈地带”。随着科技创新的发展及其强大的带动作用，密歇根州安娜堡集聚了大量的人工智能企业，匹兹堡从一座钢城转变成全球机器学习中心，“铁锈地带”焕发新生机。

当前，我国经济发展的空间结构正在发生深刻变化，中心城市和城市群正在成为承载发展要素的主要空间形式。长三角、珠三角等地区已初步走上高质量发展轨道，全国经济重心进一步南移。发展动力极化现象日益突出，经济和人口向大城市及城市群集聚的趋势比较明显，北京、上海、广州、深圳等特大城市发展优势不断增强，东中西部和东北地区一批大城市发展势头较好，形成推动高质量发展的区域增长极。

党的十八大以来，党中央、国务院确立京津冀协同发展、长江经济带发展、粤港澳大湾区建设、长三角一体化发展、黄河流域生态保护和高质量发展、推进海南全面深化改革开放等重大国家战略，强调要充分用好“产业和人口向优势区域集中，形成以城市群为主要形态的增长动力源，进而带动经济总体效率提升”的经济规律，在充分发挥各地区比较优势的基础上，推动各类创新要素在区域间的合理流动和高效配置，增强创新发展动力，加快构建高质量发展的动力系统。

二、强化“五个一流”建设，构建区域创新高地基础支撑

“十四五”时期，打造区域创新发展的新高地，要在尊重客观规律、发挥比较优势的基础上，准确把握创新高地建设的内涵与特征，要强化“五个一流”建设。

（一）一流的重大科技基础设施集群

从国际经验看，重大科技基础设施是创新高地必不可少的坚实组成部分。比如，美国硅谷的直线加速器中心国家实验室，拥有

直线高能电子加速器、正负电子加速环、同步辐射光源、正负电子对撞机与直线对撞机等 10 余个大科学装置；美国劳伦斯伯克利国家实验室拥有先进光源、粒子加速器、电子显微镜等众多大科学装置，雇员超过 5 000 人。依托这些重大科技基础设施，科学家们发明了喷墨印刷术、光盘记录仪、鼠标输入器和计算机用户界面等改变人类生产生活方式的颠覆性技术，进而源源不断地创造出新的产品、演化出新的模式、催生出新的产业、引领着新的发展。

（二）一流的新兴学科群

建设创新高地，必须依托科研机构、研究型大学和创新型企业，建设一批新兴学科群和工业实验室，为学科交叉、技术创新提供源源不断的活力和动力。比如，作为美国硅谷引擎的斯坦福大学，通过发展核物理、半导体、互联网等新兴学科，建立斯坦福科技园，把硅谷变为了全球最具影响力的创新高地。再比如，在北京中关村，得益于中科院、北大、清华在微电子、软件工程、生命科学等学科领域的雄厚基础，极大地推动了我国信息产业的蓬勃发展，成就了该地区在全国的创新领导者地位。建设创新高地，必须依托于大学和科研院所，大力发展新兴学科和交叉学科，这将直接决定创新高地的影响力和可持续发展能力。

（三）一流的创新型企业

创新高地不仅要在科技前沿方向上实现并行、领跑，更要努力将科技成果转化为现实生产力，推动经济社会可持续发展。这个意义上，企业在创新中的重要角色，以及推动创新高地建设和发展中的重要作用不可忽视。纵观全球，没有代表新兴产业发展方向、处在时代前沿的创新型企业，创新高地的影响力就会大打折扣。欧盟的统计数据显示，全球研发前 1 000 名的大企业中，有 264 家总部位于硅谷、东京、巴黎、伦敦、纽约、波士顿和慕尼黑等 7 个具有全球影响力的创新高地。硅谷的发展历程也证明，正是仙童、思科、英特尔、苹果、特斯拉等一批批在这里孕育壮大的创新型企业，才充分展现出硅谷作为全球创新高地的活力和影响力。

（四）一流的创新人才

创新驱动实质上是人才驱动。全球著名的创新高地，都集聚了一大批具有国际视野的战略科技人才、科技领军人才、企业家和高技能人才。比如，作为世界原始创新的主要中心，伦敦地区产生了 103 名诺贝尔奖获得者，研发人员主要在科技企业工作，推动伦敦高技术产业以每年 10% 以上的速度增长。

（五）一流的创新环境

建设创新高地，不仅需要“硬条件”，还需要“软环境”，为创新提供沃土。从国际国内经验看，只有从法律层面和实践层面切实保障创新者的收益分配权，才能更好地激励创新和成果转化；只有对知识产权给予及时、全面、有效的保护，人们才愿创新、敢创新、能创新；只有强化资本支持，科技成果才能完成科学研究、实验开发、推广应用的“三级跳”。

三、聚焦发展重点，打造高质量发展动力源

“十四五”时期，要适应新形势，围绕国家重大区域发展战略，加快建设科技与经济深度融合、有力支撑经济高质量发展的科技创新中心，打造重大原始创新成果持续涌现的综合性国家科学中心，提升京津冀、长三角、粤港澳大湾区、成渝等四大城市群配置全球要素和创新策源能力，使之成为引领我国高质量发展的主要动力源。

（一）以科技创新中心建设为引领，推动重点区域率先实现经济高质量发展

“十四五”时期，要聚焦引领带动区域高质量发展目标，集聚一流大学、科研院所和企业研发机构，贯通基础研究、应用基础研究、中试验证、产业化等创新链条，加快产出一批重大原创性成果，推动产业迈向全球价值链中高端，不断增强经济创新力和竞争力。

大力支持建设北京全国科技创新中心，发挥在京津冀协同发展中的引领示范和核心支撑作用，塑造更多依靠创新驱动、更多发挥

先发优势的引领型发展。

推动上海加快向具有全球影响力的科技创新中心进军，发挥在长三角区域一体化发展中的头雁效应，不断强化在服务国家参与全球经济科技合作与竞争中的枢纽作用。

加快推进粤港澳大湾区国际科技创新中心建设，支持香港、澳门更好融入国家发展大局，建立健全创新合作机制，共同建设开放型区域创新体系。

支持成渝建设具有全国影响力的科技创新中心，发挥国家战略大后方比较优势，强化重庆和成都中心城市带动作用，大力增强协同创新发展能力，增强西部高质量发展动力。

（二）以综合性国家科学中心建设为抓手，强化创新驱动发展源头供给

“十四五”时期，综合性国家科学中心建设要以强化原始创新功能为主攻方向，布局建设一批重大科技基础设施、科教基础设施和前沿交叉研究平台，推动高水平大学、科研院所和企业深度融合，营造自由开放的创新环境，努力实现科学新发现、技术新发明、产业新方向、发展新理念从无到有的跨越，产出重大原创科学成果和颠覆性产业技术，夯实建设世界科技强国的根基。

大力推进北京怀柔综合性国家科学中心建设，聚焦物质科学、空间科学、地球系统科学等领域前沿方向，强力支撑北京建设全国科技创新中心。

强化支持上海张江综合性国家科学中心建设，以光子科学与技术、生命科学等重点方向为突破口，打造大型开放式研究基地，成为带动区域创新能力提升和促进经济社会发展的科技创新高地。

稳步推进安徽合肥综合性国家科学中心建设，着重强化量子信息、核聚变能源等方向的国际领先地位，支撑重大科学研究和成果转化。

加快推进大湾区综合性国家科学中心建设，打造应用基础研究集聚地、中试验证和成果转化基地、体制机制创新综合试验区。

（三）以各类创新型园区建设为载体，加快推动新旧动能接续转换

“十四五”时期，要引导各类创新园区依托所在地区资源优势、产业优势、制度优势，提升各类园区创新能力，因地制宜探索各具特色的创新驱动发展模式，成为地方创新驱动发展的重要载体。

要发挥国家级新区创新功能，通过体制机制创新激发市场活力，采用市场化方式促进产业集聚，完善扶持政策，加大扶持力度，培育特色鲜明、大中小企业协同发展的优势产业集群和特色产业链。

国家高新技术产业开发区和国家自主创新示范区要围绕做实做好“高”和“新”两篇文章，加大体制机制改革和政策先行先试力度，促进科技、人才、政策等要素的优化配置，完善从技术研发、

技术转移、企业孵化到产业集聚的创新服务和产业培育体系，推动先进制造业集群发展。

经济技术开发区要整合国内外创新资源，深化企业主导的产学研合作，着力推动产业转型升级，提升产业竞争力，发挥在创新发展中的引领示范和辐射带动作用。

第六节

构建新生态 打造体系化融通创新的格局

习近平总书记在作党的十九大报告时指出，要建立以企业为主体，市场为导向、产学研深度融合的技术创新体系，支持大中小企业和各类主体融通创新。“十四五”时期，要把握好融通创新的时代特征，打造创新主体高效协作、创新资源有序流动、创新政策激励相容、创新活力竞相迸发的新生态，推进科技与经济深度融合，带动经济高质量发展。

一、把握形势变化，构建更具活力的创新生态体系

创新生态体系是一个复杂系统，涉及创新主体定位、创新要素

配置、创新协作机制、创新制度设计和创新政策安排等各个方面。经过多年的探索实践，我国的创新生态体系不断优化和完善，创新对经济社会发展的支撑引领作用不断增强。推进融通创新是党中央、国务院深刻把握全球创新发展大势和我国经济高质量发展需求的一个重要决策，也是“十四五”构建更具活力创新生态体系的一个全新命题。

融通创新是全球创新生态演变的重要趋势。进入 21 世纪以来，随着新一代信息技术的不断突破，逐步颠覆传统生产工艺和产业组织体系，催生大量新产业、新业态、新模式，数字经济、平台经济、共享经济蓬勃发展，全球创新发展格局和创新组织模式也因此发生深刻变化，学科交叉更加紧密，主体分工日益模糊，创新要素流动加快，产业间相互渗透，区域间合作紧密，长期发展形成的个体创新、建制化创新生态正向融通型的创新生态演进，平台化、网络化、协作化成为创新发展新特征，无论是科学家、大企业还是普通创客，越来越多地拥有平等开放参与创新活动的机会，国家间的创新实力竞争，开始从个别人、个别机构的竞争向创新生态能力的竞争转变，哪个国家资源融通的能力强、创新主体协作得好，哪个国家就更容易赢得主动权。

我国经济进入高质量发展阶段，从企业创新体系、区域创新体系到国家创新体系，从科技创新到全面创新，需要按照构建现代化经济体系的基本要求，重构组织模式，大幅提升效能，构建更具竞争力的创新生态体系。要推进科技创新与实体经济、现代金融、人力资源的更紧密结合，打通科技与经济之间的通道，加速科技成果转化为现实生产力的效率；要提升全社会创新资源的动员能力，构建社会主义市场经济条件下关键核心技术攻关的新型举国体制，加速产业链上下游的协同、强化产学研用相关机构的协作，提升创新链、产业链、供应链安全保障能力，形成科技与经济深度融合的发展格局。

当前，我国各类创新主体的创新能力显著增强，但主体之间的协同配合仍存在不少瓶颈制约。要更加重视各类创新主体之间的协同和融通，推动形成创新合力。融通创新不仅包括传统意义上的产学研纵向协同创新，还包括大中小企业，甚至金融、法律、知识产权服务等创新生态参与者的横向协同，是一个融合发展、互利共赢、价值共创的创新生态体系，是实现创新网络中不同主体之间的资源融合互补、知识协同共享、价值共创共赢的协同发展模式。要通过打造体系化的融通创新生态，加强科技创新统筹协调，努力克服各领域、各部门、各方面科技创新活动中存在的分散封闭、交叉重复等碎片化现象，避免创新中的“孤岛”现象，建立健全各主体、各方面、各环节有机互动、协同高效的国家创新体系。

二、优化创新生态，推进体系化融通创新深入发展

融通创新是协同创新和融通发展的延伸和拓展，体系化的融

通创新生态具有三个明显特征：一是强调创新链条的系统性。基础研究、应用研究和产业化研究深入融合，高等院校、科研院所与企业在定位清晰的前提下，实现更深入的融合甚至形成使命导向和利益导向的创新共同体。产业链上下游的创新活动高效整合、相互渗透，创新政策链条前后端联系愈加紧密，区域间相互协作进一步深化，构成多元主体、多产业、多区域、多项政策、多要素共同发力，动态交互的创新系统。二是强调知识分享的动态性。大数据、人工智能、区块链等新兴技术使信息产生和交换的速度呈现前所未有的增长，知识流动对创新的作用显著提升。基于知识分享的网络化创新组织，大幅提升创新效率和创新成果的应用价值，创新对经济的带动作用进一步提升。三是强调权责共享的多元性。市场与技术之间的关系由市场需求拉动技术进步转变为由技术创新推动市场兴起，产业渗透、区域协同等也对原有的权责机制带来挑战，需要建立权责多元共享的产权制度和分配体系。“十四五”构建体系化融通创新生态需要关注四个方面的发展趋势。

（一）创新主体功能化

融通创新的内在动力来源于各创新主体。创新主体分工不同，各有不同利益诉求，需要建立稳定、互惠、共生的协作关系和利益机制，实现优势互补。高等院校、科研院所具有科研人才和技术优势，能够为市场主体提供知识供给，输送核心资源。企业天生面对市场，具有市场化优势，可为高校、科研机构的科技成果提供广阔应用场景，将技术转化为新产品、新服务和新产业，从而反哺科研。建立更具活力和竞争力的创新生态，必须改变以往创新主体功能重复、职责错位的问题，不能搞“大而全”的重复建设，而是要调动不同创新主体的积极性，按照科学、技术和创新的发展规律，明晰创新主体功能定位，推动分工协作、融通发展，鼓励聚焦共同使命，形成利益共享、职责分担的创新联合体。

（二）创新服务专业化

融通创新的外部动力来源于创新服务。建立精准、专业的创新服务体系，打造市场化条件下，各类创新主体的“黏合剂”和“协调器”，从而最大限度地释放融通创新的潜力和效能。当前，创新创业创造持续向纵深发展，各类创新主体开展融通创新需要适应创新活动的规律和需求，提供全方位、专业化、全链条的创新服务。比如：要构建专业化的成果转化服务体系，大力培育既懂市场、又懂技术的知识产权运营专家，推动创新成果以最合适的方式进入市场，实现价值。要构建专业化的创新金融服务体系。适应创新活动轻资产、风险大、收益高的特点和规律，重构金融服务体系，增强金融服务的活力。要加强知识产权保护，加大对新技术、新产品、新业态和新模式的知识产权保护力度，为创新者提供更便捷、更高效的援助和维权服务。要大力弘扬企业家精神、科学精神和工匠精神，宽容失败、包容创新，持续营造创新创业创造文化氛围。

（三）创新政策协同化

融通创新的基础支撑在于政策协同。创新是一项高风险活动，完善的创新环境和政策体系是融通创新中实现主体协同合作的重要制度保障。根据不同时期科技经济社会发展需要，我国已出台了一系列扶持和激励创新的政策，覆盖了创新工作的各个方面和创新链条的各个环节，以科技创新为核心的创新政策体系逐步建立并不断完善，实现了从“小科技”向“大创新”的扩展。但目前创新政策客观上存在部门不协同、央地不贯通，创新政策一致性不强，部分政策存在“冲突”“打架”、相互掣肘。有的创新政策陷入“空转”，应有的红利效应没有显现。在体系化融通创新的生态中，要更加强调创新政策的激励相容，加强政策设计的整体性、协同性，强调创新改革的系统集成和协同高效，以政策协同推动融通创新。

（四）创新合作国际化

开放创新是融通创新的应有之义，体系化的融通创新生态是充分融入全球创新网络，充分利用两个市场两种资源的开放式生态。当前，以科技创新为核心的大国博弈正在引发国际创新格局和治理体系的重构，全球创新版图逐步向多中心发展。要抓住全球创新资源加速流动的机遇，全面扩大科技创新的对外开放，深度参与全球创新治理。适应全球创新发展多极化的格局，构建积极主动、全面合作、动态安全的创新链、产业链、供应链体系。践行人类命运共同体的理念，推动创新成果人类共享，为增进人民福祉贡献力量。

三、聚焦融通创新，激发全社会创新创业创造活力

“十四五”时期，推动构建体系化融通创新生态要注意把握五个关键。

（一）大力推进制度融通

融通创新核心要实现制度融通。要打破改革不同步、政策不配套带来的掣肘，促进化学反应，实现系统集成，形成协同高效、激励相容的创新治理体系。要瞄准制约融通创新的掣肘问题搞改革，围绕创新链梳理政策链、资金链、人才链，在各项改革协同配套、相互促进、形成稳定的制度体系上下更大功夫。要瞄准健全融通创新生态环境出政策，完善知识产权、成果转化、金融支持等方面的政策环境，促进科技创新、实体经济、现代金融和人力资源的深度融合。要在顶层设计上下更大功夫，各类创新政策之间要激励相容，形成合力，不能相互矛盾、相互掣肘。要瞄准释放创新创业创造活力进一步优化监管模式，贯彻包容审慎的监管理念，为新技术新产业新业态新模式发展营造更加开放的环境。

» 专栏 5-5

各国的“监管沙盒”制度

监管沙盒是一个安全空间，在这一空间中，监管规定有所放宽，在保护消费者或投资者权益、严防风险外溢的前提下，尽可能创造一个鼓励创新的规则环境。金融科技企业可以在其中测试创新的金融产品、服务、商业模式和营销方式，不需要担心在碰到问题时立刻受到监管规则约束。

英国监管沙盒：英国金融行为监管局（FCA）采取创新企业申请制，根据申请者的具体情况来给予完整性授权或限制性授权，除此之外，还采取了“虚拟沙盒”与“沙盒保护伞”的灵活方式来让部分申请者进入沙盒监管。针对获得授权的企业，FCA 会发布无强制措施声明（NALS）、特别指导（IG）和规则豁免（Waivers）等来帮助进入监管沙盒的公司抵御未来可能遇到的法律政策风险。

澳大利亚监管沙盒：澳大利亚“监管沙盒”框架的制定和运行主要依据澳大利亚《监管指南 257》，“监管沙盒”机制是以澳大利亚证券与投资委员会（ASIC）为主要的机构，允许金融科技企业在一定的豁免规则下，于12个月的期限内测试其具有创新性的金融产品、金融服务、商业模式和营销方式的一种监管机制。通过“监管沙盒”机制，金融监管者会主动、合理、适度放松监管规定，减少现有金融科技创新体制的机制障碍，主动鼓励和有效管理金融科技发展过程中的创新与风险，从而降低创新产品或服务的面世风险和成本。

（二）加快推进主体融通

融通创新重点是推进主体融通。要构建企业主体、市场导向的技术创新体系，突出需求导向和制度激励，减少政府不当干预，引导大中小企业、产学研主体深度融合、体系化创新。要明晰创新主体的功能定位，高等院校、科研院所的科研活动要“前移”，增强原始创新能力，强化基础研究投入，促进形成应用研究带动基础研究的制度安排。企业的创新活动要“扎根”，增加应用研究开发支出，掌握核心技术，增强核心竞争能力。要大力发展大企业牵头，产学研用相结合，风险共担、利益共享、稳定协作的创新联合体。要把科技成果转化与创新主体孵化结合起来，加大对高质量创新创业活动的引导和支持，鼓励持续创新、精益创业，壮大创新创业生态圈，构建大中小企业协同创新的生态体系。

（三）着力实现要素融通

融通创新基础是做到要素融通。要突出创新导向，让人才、资本和其他各类要素通畅地、非歧视地流向实体经济和创新领域，健全促进技术、数据等创新要素融通的服务体系，提升创新资源配置的效能。要引导资本向创新和实体经济流动，建立适应创新规律的金融服务体系，大力发展创业投资、天使投资和多层次资本市场，建立引导各类资源向创新集聚的政策机制，形成多层次、多渠道、多主体的金融支持创新的格局。要进一步释放人才活力，解决“帽子”异化、评价指标僵化等问题，建立以结果为导向的人才评价制度，在绩效评价、项目评估、人才流动等方面减少不必要的限制，推动人才跨领域跨地区跨主体流动，加大对青年人才的培养和支持。要重视重大科技基础设施等新型基础设施和创新数据的共享利用问题，完善科学数据资源汇集管理的办法，整合开发利用创新大数据资源，夯实全社会的创新基础。

（四）系统推进产业融通

融通创新关键要实现产业融通。要打造开放经济条件下，以国内大循环为主体，国内国际双循环相互促进的发展新格局。推动产业链上下游、创新链各环节的主动融合、协调互动，构建稳定、可靠、良性循环的产业技术创新体系。要善于用好强大国内市场优势，强化标准引领，用好政府采购等支持创新的政策手段，打通科技政策、产业政策和市场监管政策之间的通道，提升市场应用带动技术创新的水平，夯实产业基础能力，提升产业链现代化水平。

» 专栏 5-6

创新政府采购制度

创新订制采购：采购开始时，创新产品并不存在，需要进行订制开发，根据供需双方约定的标准和价格签订采购合同。

创新期货采购：开始采购时，创新产品尚不存在，但样品已经通过测试，进入最后开发阶段，供需双方根据约定的价格签订采购合同。采购内容既包括开发、验证，也包括产品。

创新信用采购：由政府和创新产品提供方共同提供信用，政府与企业、个人等私人消费者共同采购；或者政府不采购，但对私人采购予以补贴；甚至政府可以只提供信用平台，完全由私人采购。

创新认证采购：政府根据节能、环保、健康、安全等先进标准，组织第三方认证机构对创新产品进行认证，凡经过认证的产品，加以标识，进入创新产品的“篮子”，然后投放市场，由消费者自主选择。

创新服务采购：国际上一般设立创新券项目进行购买，也有单独设立创新服务采购专项的。所谓创新券项目购买，就是政府设立创新券基金，根据中小企业的创新需求，委托中小企业购买创新服务，用于中小企业的创新。

（五）持续深化区域融通

融通创新载体是推进区域融通。要推进创新要素合理流动和高效集聚，要结合科技创新中心建设，搭建新的平台载体，构建“创新中心城市—创新城市群—创新经济圈”梯次辐射的跨区域协同创新发展格局，打造高质量发展动力源。探索促进创新要素跨区域高效流动、高效集聚的新机制和新模式，激发新的增长动能。促进民间科技创新合作交流，丰富政府间创新对话、创新论坛、创新合作等方式，增进科技创新领域的国际合作，健全国际化便利化的创新服务体系，推动创新成果惠及世界各国人民。

参考文献

《党的十九大报告辅导读本》编写组，2017. 党的十九大报告辅导读本 [M]. 北京：人民出版社.

中共中央文献研究室，2016. 习近平关于科技创新论述摘编 [M]. 北京：中央文献出版社.

中共中央文献研究室，2017. 习近平关于社会主义经济建设论述摘编 [M]. 北京：中央文献出版社.

中共中央宣传部，2018. 习近平新时代中国特色社会主义思想三十讲 [M]. 北京：学习出版社.

中共中央宣传部，2019. 习近平新时代中国特色社会主义思想学习纲要 [M]. 北京：学习出版社.

《中共中央关于坚持和完善中国特色社会主义制度、推进国家治理体系和治理能力现代化若干重大问题的决定》辅导读本编写组，2019. 《中共中央关于坚持和完善中国特色社会主义制度、推进国家治理体系和治理能力现代化若干重大问题的决定》辅导读本 [M]. 北京：人民出版社.

国家发展和改革委员会，2016. 《中华人民共和国国民经济和社会发展第十三个五年规划纲要》辅导读本 [M]. 北京：人民出版社.

国家发展和改革委员会，2020. 2019 年中国大众创业万众创新发展报告 [R]. 北京：人民出版社.

巴曙松，朱元倩，乔若羽，等，2019. 区块链新时代：赋能金融场景 [M]. 北京：科学出版社.

陈超美，2014. 科学前沿图谱：知识可视化的探索 [M]. 陈悦，王贤文，胡志刚，等译. 2 版. 北京：科学出版社.

国家行政学院经济学教研部，2016. 中国供给侧结构性改革 [M]. 北京：

人民出版社.

国家信息中心，2018. 大数据看改革开放新时代 [M]. 北京：商务印书馆.

国家统计局社会科技和文化产业统计司，科学技术部战略规划司，2019. 中国科技统计年鉴 2019 [M]. 北京：中国统计出版社.

国务院发展研究中心课题组，2019. 未来国际经济格局十大变化趋势 [N]. 经济日报，2019-02-12（12）.

郭威，胡希宁，徐平华，等，2017. 供给侧结构性改革：理论与实践 [M]. 北京：人民出版社.

郭晓蓓，2020. 打好产业链提升工程攻坚战 [N]. 经济参考报，2020-05-19.

黄盛，詹蕾，2008. 马克思的社会资本再生产理论及其现实意义 [J]. 经济纵横，（12）：34-36.

洪银兴，2013. 论创新驱动经济发展 [M]. 南京：南京大学出版社.

贺娜，2018. 马克思扩大再生产理论视阈下的产业演进与结构失衡 [J]. 经济纵横，（6）：15-23.

韩庆祥，2019. 强国逻辑：走向强国之路 [M]. 北京：红旗出版社.

金勇进，高敏雪，蒋研，等，2008. 数字中国 [M]. 北京：人民出版社.

金江军，2019. 数字经济引领高质量发展 [M]. 北京：中信出版集团.

姜跃春，2019. 国际经济格局新变化及其发展趋势 [J]. 人民论坛・学术前沿，（1）：30-39.

厉以宁，2018. 改革开放以来的中国经济：1978—2018[M]. 北京：中国大百科全书出版社.

刘垠，唐婷，2019. 国家科技奖励制度进入“深改时间”——国家自然科学奖取消 SCI 他引次数硬性规定并对外籍专家开放 [N]. 科技日报，2019-12-29（1）.

吕薇，2019. 以创新引领制造业高质量发展 [N]. 经济日报，2019-07-09（12）.

马名杰，2016. 全球创新格局变化趋势及其影响 [N]. 经济日报，2016-11-03（15）.

马化腾，孟昭莉，闫德利，等，2017. 数字经济：中国创新增长新动能 [M]. 北京：中信出版集团.

迈克尔·塔什曼，查尔斯·奥赖利三世，2018. 创新跃迁 [M]. 苏健，译. 成都：四川人民出版社.

穆荣平，蔺洁，2020. 2019 中国区域创新发展报告 [M]. 北京：科学出版社.

穆荣平，陈凯华，2020. 2019 国家创新发展报告 [M]. 北京：科学出版社.

潘教峰，2019. 中国创新战略与政策研究 2019[M]. 北京：科学出版社.

全国干部培训教材编审指导委员会，2002. 马克思列宁主义基本问题 [M]. 北京：人民出版社.

《全面创新改革试验百佳案例》编写组，2018. 全面创新改革试验百佳案例 [M]. 北京：中国科学技术出版社.

全国干部培训教材编审指导委员会，2019. 建设现代化经济体系 [M]. 北京：人民出版社.

全国干部培训教材编审指导委员会，2019. 新时代 新思想 新征程 [M]. 北京：人民出版社.

人民日报社理论部，2016. “五大发展理念”解读 [M]. 北京：人民出版社.

人民论坛，2016. 中国区域发展新思维：顶层设计与战略布局 [M]. 北京：人民出版社.

饶毅，刘亚东，2018. 破局与变革：中国科技的升级之路 [M]. 北京：科学出版社.

盛朝迅，2020. 从三个维度构建支撑战略性新兴产业发展的“四梁八柱”[J]. 政策瞭望，（06）：51-53.

王炳林，郝清杰，2015. 创新是引领发展的第一动力 [N]. 经济日报，2015-12-18.

吴敬琏，樊纲，刘鹤，等，2008．中国经济50人看三十年：回顾与分析[M]．北京：中国经济出版社．

吴敬琏，厉以宁，林毅夫，等，2015．国家命运：中国未来经济转型与改革发展[M]．北京：中央编译出版社．

薛澜，李新男，穆荣平，等，2018．中国科技发展与政策：1978—2018[M]．北京：社会科学文献出版社．

张其仔，许明，2020．中国参与全球价值链与创新链、产业链的协同升级[J/OL]．改革，(6)：1-13.http：//kns.cnki.net/kcms/detail/50.1012.F.20200601.1549.004.html.

张先恩，2010．科技创新与强国之路[M]．北京：化学工业出版社．

张蕴岭，2019．百年大变局：世界与中国[M]．北京：中共中央党校出版社．

朱英明，张珩，童毛第，2014．创新驱动发展论[M]．北京：经济管理出版社．

中国科学院，2017．科技发展新态势与面向2020年的战略选择[M]．北京：科学出版社．

中国科学院，2018．科技强国建设之路：中国与世界[M]．北京：科学出版社．

中国科学院，中国工程院，2019．百名院士谈建设科技强国[M]．北京：人民出版社．

中国工程科技发展战略研究院，2019．2020中国战略性新兴产业发展报告[M]．北京：科学出版社．

中国社会科学院工业经济研究所课题组，吕铁，2012．第三次工业革命与中国制造业的应对战略[J]．学习与探索，(09)：93-98．

钟永恒，王辉，刘佳，等，2019．中国基础研究竞争力报告2019[M]．北京：科学出版社．

后 记

在国家发展改革委党组书记、主任何立峰同志的直接领导下，党组成员、副主任林念修悉心指导，伍浩副秘书长带领创新和高技术发展司、创新驱动发展中心共同完成了本书的编撰工作。

参加本书写作和修改工作的主要人员有：伍浩、孙伟、沈竹林、朱建武、白京羽、徐彬、阮高峰、霍福鹏、任中保、赵军、袁军、张志华、李帅、张铠麟、栾婕、黄德森、高贺、曲婉、毕翔、程先柱、白璐、辜登峰、张绍阳、姚文静、高鉴、刘增辉、张世韬、余镭甫、李锴、贾争争、刘志鹏、高伟、文皓、韩辉、王海鹏、陈云、李潇、刘中全、吴博、贾书华、崔霖、张纾纡等。由沈竹林负责全书统稿，任中保负责第一、二章撰写统稿，霍福鹏、曲婉负责第三、五章撰写统稿，张铠麟负责第四章撰写统稿。万劲波、陈凯华、董阳、蔺洁、周源、孙克、韩祺等参与本书研究工作。袁达、孟玮、赵怀勇、杨特、杨云超、陈敬全、吴家喜、刘明达、成微、陶宗宝、甘泉、李韶辉、王岳平、姜江、邱灵等参与本书审稿，方新、潘教峰、穆荣平、任福君、张宇贤等专家在本书编撰过程中提出了宝贵的意见。中国计划出版社秦洁、朱冰负责本书编辑工作。在此，谨对所有给予本书帮助支持的单位和同志表示衷心感谢。

由于水平有限，书中难免有疏漏和错误之处，敬请广大读者对本书提出宝贵意见。

本书编写组

2020 年 8 月